OPUSCULUM

지은이 **서원기**는

아마추어 사회·문화 학자이다
S기업 지점장 역임
대구에서 출생하였고 문학사 학위를 받았다.
현재 오후 컨퍼런스 창립
인간의 합목적 특성을 사유한
오푸스칼럼이다

프롤로그 _

이성의 가치에 귀 기울일 때
더 나은 사람이 되는 길이 열리는 것임을 깨달아야

인간들이 부동의 진실 앞에서도 눈 하나 깜짝하지 않고 다른 선택을 할 수 있는것은 거짓과 위선이 일상화 되어있는 본질적 모순을 안고있기 때문입니다. 이를 인식하지 못한체 살게되면서 스스로 만물의 영장이라고 행세하고 가끔은 세상을 이롭게 하는 경우도 있지만 그보다는 어이없는 바보짓을 저지르는 행태가 많았습니다. 여전히 진행되고있는 전쟁 · 기아 · 불공정 · 불평등 · 환경오염 · 거짓말 · 인종학살 등은 그 실증입니다.

세상이 왜 이렇게 되었지? 라며 남탓부터하는 사람들에게 위안을 줄 생각은 없습니다. 파스칼을 인용하지 않더라도 자기합리화로 고개를 절레절레 흔들것임을 알고있습니다. 인간들은 집단화되면 어김없이 잘못을 저질러왔다는 것에 대한 인식이 이 책에서 연결될 수 있다면 결코 혼자만의 생각이 아니라는걸 이해하게 될 것입니다.

일상의 부대낌속에서 탐욕이 사라지지 않는 종잡을 수 없는 마음으로인해 자신조차 스스로를 알기에 힘이 부치는 것이 현실인 삶의 길에서 우리의 생각은 함께 깨어나야하고 앞으로 조금씩이라도 걸어가야 합니다.

이성을 배제하고 본능에만 빠지면 자신과 닿은 주변을 탐색하기에만 여념 없는데 상대의 재산이 자신을 능가하는것을 걱정하고 아는것이 자신을 능가하는 것을 걱정하며 해외여행을 얼마나 많이 다녔는가 등. 갖가지 잡다한것에 대해서조차 끊임없이 경계하며 스스로를 괴롭히는 상태에 빠져듭니다. 이런 상황을 정작 본인은 인지하지 못하므로 탁월한 이성적 언행을 바탕 삼아 수련해야 하는 것입니다.

본인 이성의 가치에 귀 기울일 때 더 나은 사람이 되는 길이 열리는 것임을 깨달아야 합니다. 왜냐하면 당신을 사랑한다고 여기는 사람들은 당신이 옳고 좋은 것(진리와 선)에서 어긋나는 경우에도 쉽게 당신의 말이나 행동을 칭찬하는데 그렇게 되는 이유는 올바르게 말했다가 당신의 원망과 미움을 살까 두렵기 때문이고 다른 한편으로는 당신에 대한 조건적 바램(욕망)때문에 눈에 꺼플을 스스로 씌우면서 인지력이 떨어졌기 때문입니다. 상황이 이러하므로 당신이 하는 가치 없는 것들까지 그들은 찬사를 보내는 것입니다.

이러한 매카니즘을 이해하면 세속적인 찬양을 요란하게 받는 사람을 부러워하기보다 오히려 그들에게 연민을 갖는편이 옳습니다. 진정한 찬양을 받을만한 자가 있다면 이미 오래전부터 대화로 우리를 자연스럽게 깨우치게 했을 것입니다.

인간이 본능적 즐거움을 필요한 순간 억제하는것은 더 큰 이익을 얻기위한 관계적 만남을 위한 의도임을 외면하고 있는것이 팩트이므로 사변적 지식을 의도적으로 걷어내는 경험도 중요한 것입니다.

지난날의 무지를 알게되는 순간 느끼는 수치심과 그동안의 것에 대한 반작용을 분별하도록 정신을 집중하고 이성을 탐구하며 쫒아야 합니다. 그리하여 지속적으로 모시케 Mousike(문예)를 논하고 경험한 습관들이 표정으로 스며들게되면 인생을 더 아름답게 그려낼수 있습니다.

안타깝게도 진리라는 최상위 논리에 대해선 관심이 줄어들었고 그저 믿고 싶을 만한 것에만 관심을 두는 세태입니다. 진상의 관계에 촛점이 모이지 않는 대화는 말하는 사람이 먼저 자기가 말하려는 주제들에 대해서 진상을 알고있어야 함에도 그렇지 않거나 그럴듯한 설득이 목적이라면 위험천만한 일이 생기게 됩니다. 위험은 진상(진리)을 모르는 무지에서 나오는 설명과 그것을 생각없이 수용한 자들과 진상을 알고도 외면한 자들의 합작품으로써 즐거워하면서 독배를 나눠 주는것과 같습니다. 다행히 제자신의 부족하고 짧은 식견은 알고있지만 찬사나 비난에는 초연해질 수 없으므로 글쓰기로 전업하지는 않기로 했습니다.

- 학교 문턱에 길게닿지 않았어도 충분했고 책임감있던 아버지에게
- 당신 배고픔조차 잊어버리고 자식에게 좋은걸 먹이던 어머니에게
- 그리고 나의 사랑 YJ.HJ.GS 에게 이 책을 바칩니다

굳이 파이드로스를 과장하거나 선한 의지를 주장하지 않아도
각자 개인들의 삶이 어떠한 것을 중심으로 수렴하는지 자각하면서
능동적으로 질문을 던지게되면 고명한 삶이 되는 길임을 믿고 싶습니다.

2024.12.01. 일요일. 오후 6시 30분. 눈 내릴것 같은 날

내 운명에 손대지 마라.
내 운명은 신이 아니라 내가 만든다.

― 나렌드라 자다브 ―

차례 _

프롤로그 4

1부 OHW(오후의 초대)

1. 분명해지는 Recognition 14
2. 귄터 그라스 Gunter Grass 16
3. 변신 22
4. 과로를 사랑하는 곳은? 26
5. 아레오파지티카 Areopagitica 29
6. 오래가는 추종 전략 natural follower 32
7. 스피노자의 정신 36
8. 관계 關係 41
9. 고독의 양면성 44
10. 줄리언 어산지 48
11. 좋은 삶의 기준 다섯가지 52
12. 유혹.절제.균형 55
13. 디케 · 다윈 · 팰런 · 파인만 · 비트겐슈타인 57
14. 자아를 속이는 자아 61

15. 예루살렘의 아이히만 63
16. 바보의 세계 67
17. 변방의 개소리 69
18. 마음에 눈 내릴때 70
19. 반짝이는 빛 71
20. 기꺼이 마음 쓰는 일 72
21. 욕구와 비례하는 거짓 74
22. 뭐지? 자주 불안한 이유 77
23. 샤덴 프로이데 81
24. 나쁜 말 · 침묵은 금 83
25. 두 얼굴의 양심 85
26. 위험할수있는 단결 86

2부 세상이 나아지는 아브라삭스

27. 분열로 먹고사는 언론 90
28. 바베트의 만찬 93
29. 알렉스 코브 96
30. 역사를 없애야 행복해진다 97
31. 반지성주의를 말하다 99
32. 침묵속에 악화된 인간사회 101
33. 니콜로 마키아벨리 106
34. 테스토스테론 110
35. 세계최초 약탈문화재 114
36. 리더가 멍청할때 118

37. 휴브리스 120
38. 지독한 편견 123
39. 호모 콘트랙투스 Homo Contractus 128
40. 심플·슬림해야하는 이유 131
41. 노동과 문화 135
42. 적을 만들다 137
43. 비만의 주요 원인 141
44. 민주주의 概論 144
45. 실존같은 부존 146
46. 인간의 역사를 믿는가? 150
47. Think About 정의 154
48. 다모클래스의 검 156
49. 최초를 향한 의지는? 158
50. 소말리아 해적은 왜? 161
51. 세일즈맨의 죽음 164
52. 자본 이론 Das Kapital 170
53. 민주주의 기본서 177

3부 생각하는 시간

54. 왜 2백년 동안? 182
55. 스스로를 낮추고 겸손하면 거의가 고수라는 사실을 184
56. 소비의 개념 정의 187
57. 윤리가 필수 교육인 이유 191
58. 지옥의 과제 195

059. 우월한 XX 199
60. 시소의 양끝 204
61. 노동은 너희를 가난하게 하리라 207
62. 어리석음의 앤솔러지 211
63. 딸에게 213
64. 싱크 탱크의 정체 214
65. 호르몬과 건강 217
66. 냉소하면서 보인 미소 222
67. 좋거나 나쁜 생각 226

4부 애매함과 실존

68. 맬서스 인사이트 230
69. 도덕성 포장하기 233
70. 여우 하이데거 236
71. 미셸 푸코. 권력 242
72. 하스보 이펙트 245

에필로그 250

제 1 부
AW(오후의 초대)

1. 분명해지는 Recognition

인지의 뜻을 사전에서 찾기보다 아리스토텔레스의 정의가 더 와닿는데 그는 시학에서 '모르는 것에서 아는것으로 바뀌는 것'을 인지라고 정의했습니다. 다르게 인식하는것도 인지에 해당되기에 깨달음의 상태에도 편향이 발생하므로 성찰해야겠죠? 인식 anagnorisis (아나그노리시스)이 일어나는데도 관계의 통찰이 정확하지 않는것은 자력이 개입되지 않고 타인에 의한 수동적 자각일 경우에 발생합니다.

고통의 세월이 길어지면 습관적인 무기력함이 생기게되는데요. 이때는 그렇다는 인식과 함께 자신에게 고백하면 눈물이 흐르더라도 상처난 마음에는 딱지가 앉게되고 그 딱지가 드디어 내력이 되어 상처를 회복합니다. 그렇게 일어선 에드몽 단테스가 부른 '페르낭'이라고 소리친 한마디에 나쁜놈 페르낭은 사지를 떨고 부들거리며 어둠으로 사라지게 됩니다. 좋아하는 몬테크리스토 백작의 한 장면인데 대부분 이렇게 다른이의 실존을 통해 우리 모습을 선명하게 인식하게 됩니다. 공존하기 위해서 필요한 규범에 대한 순응은 부작용을 일으키며 나와 다른이들을 못마땅하게 보게된다는 것과 나와 너는 서로 개별적이어서 다름을 인정해야 하는데 쉽지않습니다. 그래서 나는 너를 너는 나를 적대시하는 상호작용을 합니다. 이런 현상이 바로 인간세상을 지옥으로 만들게 되는것인데도 말입니다.

'실존은 본질에 앞선다'는 실존주의 개념을 처음 사용했던 사르트르는 희곡 '닫힌 방'에서 공통점 하나없는 세남녀 (조제프 가르생.세라노 이네스.에스텔 리고)가 지옥에 갇힌 후 의존적이고 비극적인 치정관계로 치닫는것을 그리면서 자유를 추구하는 인간에게는 실존을 위해 타인이 필요하며 이런 관계로 발생되는 타인의 시선은 그야말로 지옥과 같다는 '타인은 지옥이다'라는 유명한 대사가 나옵니다. 소설·희곡·철학을 넘나들던 사르트르는 '모든것이 해결되어 왔다. 사는 법 빼고는' '인간의 운명은 인간의 수중에 달려있다'며 인간의 본질을 꿰뚫습니다.

사르트르의 뛰어난 문학성은 빛을 발해 노벨문학상을 받게 되는데요. 남다름을 표방하는 그는 또 튀는 행동을 하죠. 그는 완강하게 노벨상에 대해 거부감을 보입니다. 이유는 노벨상이 서구쪽에 너무 치우쳐있고 동양은 별로받지 못했다는 것을 대며 생뚱맞은것 같지만 그래도 자기의견과 기개는 확실했습니다. 그러나 그로부터 11년이 지난 1975년에 변호사를 시켜 노벨상위원회에 노벨상 상금을 지금이라도 받을수있는지 물어왔고 위원회는 거절했습니다. 사르트르 말년에 참 모양 빠지기도 했지만 그것보다 본인 스스로한말과 모순되는 행동이어서 오점이 됩니다.

이렇듯 지성이든 무지성이든 너무 과한 자세를 취하면 거짓입니다. 그래서 누군가 너무 과하게 자기표현을 하고있다면 거짓일 확률이 높습니다. 그는 썩어빠진 기업구조를 지배하고 있는 자본가를 파괴하기 위해서 진보적인 폭력이 용인되어야 한다 는 주장도 서슴치않았습니다. 이미 아시겠지만 그는 냉전시대 초기에 소련이 굴라크를 통해 자행했던 많은 인권유린과 학살조차도 정의로운 폭력이라고 옹호해줬고 북한의 남침인 6.25 전쟁마저 부인하고 남침유도설을 주장하며 죽는날까지 북한 정통론을 지지했습니다.

OHW : 사르트르의 천재적 지성에는 경의의 박수를 칩니다.
　　　　그리고 배면에서 헛소리를 지껄이던 그에게는 울릉도 빅엿을 보냅니다.

2. 권터 그라스 Gunter Grass

비이성적 성장에 대한 이성적 비판의 총알을 쏘는 책 '양철북' 나는 세 살짜리 어린아이 그대로였으나 3배나 더 현명했다는 표현 한마디로 내용 전체를 요약해낸 권터 그라스(1927 ~2015). 그는 1927년 독일 단치히(지금은 폴란드 그단스크)에서 태어났습니다.

그의 문학은 히틀러와 나치의 반역사적 만행에 대한 반성과 속죄를 바탕으로 이념, 종교, 민족을 초월하여 인간의 존엄성과 천부 인권을 옹호하는 박애주의를 서술합니다. 대표작으로 [양철북] [넙치] [게걸음으로 가다] [권터그라스 시전집]등이 있고 우리나라와도 인연이 깊습니다.

2002 한·일 월드컵 개막식때 상암월드컵 경기장에서 자작시 '밤의 경기장'을 낭송한 바 있습니다만 잘 기억하지 못할 것입니다. 1959년 발표한 양철북이라는 소설로 40년뒤인 1999년 노벨문학상을 수상합니다. 그의 양철북 소설의 주인공인 오스카 마체라트는 3세에 일부러 지하실 계단에서 추락하여 성장을 멈춰 세웁니다. 오스카가 스스로 성장을 의도적으로 제어한 이유는 소설의 복선이자 반어적 메시지 이기도 합니다. 그것은 히틀러와 나치가 추구하는 패권주의적 경제성장에 동참하지 않겠다는 의지를 직접적으로 표현한것이며 침략을 통해 이웃나라 영토를 짓밟고 인간을 학살하며 빼앗는 경제적 번영이야말로 기형적이고 부조리한 약탈적 성장이라고 본 것입니다. 인간의 이기적인 약탈 성장과 잘못된 국가의 침략 성장 전략을 통째로 들어내서 한꺼번에 비판하는 것입니다.

당시 나치는 민족주의를 내세워서 독일 국민들의 전폭적인 지지를 받지만 무력을 앞세워서 세계를 지배하려는 것은 민족주의가 될 수 없는데도 독일국민들은 열렬한 지지를 보냅니다. 이것은 잘못된 것이며 집단적으로 이성을 잃었다는 것입니다. 진정한 민족주의는 세계시민의 정신(코스모폴리타니즘)을 배반하지 않기 때문입니다. 독일 국민들을 선동하여 내적인 에너지를 모은뒤 세계를 지배하려는 미친 전쟁광에게 손에 전권을 쥐어줘버린 독일인들을 신랄하게 비판하는 오스카 마체라트입니다.

실제 그 당시 나치는 민족주의가 아니라 전체주의, 군국주의, 패권주의 였습니다. 오스카가 두드리는 양철북 소리는 개인을 획일화 시키는 전체주의 체제에 대한 비판의 메시지이며 독재권력을 질타하는 저항의 북소리 입니다.

소설 '양철북'에서는 20세기 전반의 독일과 유럽의 정치 역사 사회를 포괄적으로 볼수있습니다. 광적인 독재자의 비뚤어진 정치의식. 독일 국민의 편협한 민족의식. 개인들의 속물근성 등이 기형적으로 모여서 결합할 때 인간의 공동체는 상상하기 힘들 정도의 비극에 직면하게됨을 경고하는 작품으로 평가받으며 노벨문학상까지 수상받게된 것입니다.

소설의 주인공 30세의 오스카 마체라트는 정신병원에서 지난날을 회고하며 이야기 합니다. 소설에는 풍자, 은유, 반어, 상징이 가득하여서 문학적 미학 측면에서도 경지에 오른 작품입니다. 콜야이체크라는 오스카의 외조부는 폴란드 민족운동을 하다가 독일 경찰로부터 쫓깁니다. 감자밭에있던 처녀의 치맛속으로 숨어 화를 피하게된 외조부와 그녀 사이에서 오스카의 어머니 아그네스 콜야이체크가 태어납니다. 아그네스에게 폴란드 사촌 얀브론스키라는 연인이 있었는데도 경제적 능력을 갖춘 독일 상인 알프레드 마체라트와 결혼합니다.

그러면서도 사촌 얀브론스키와 불륜을 이어갑니다. 여기까지만 보면 막장 드라마 대본으로 생각하기 쉬운데 아그네스를 놓고 연적으로 대립하는 얀브론스키와 알프레드 마체라트는 세계 2차 대전이 발발하기 전의 독일과 폴란드 사이의 반목을 은유적 상징으로 보여주는 것입니다.

이렇게 추잡하게 얽힌 삼각관계속에서 1924년 오스카는 단치히라는 도시에서 태어납니다. 법적 아버지는 알프레드 마체라트이지만 어머니와 얀 브론스키와의 불륜을 알고있던 오스카는 얀 아저씨가 자신의 친아버지 일줄도 모른다고 생각합니다. 소설 설정상 이미 천재였던 오스카는 3세였음에도 꿰뚫고 있었던 것입니다. 태어날 때부터 비범한 지성을 타고난 천재였던 오스카는 사람들이 사는 세상. 즉, 어른들의 세상은 몹시 타락했다고 판단합니다. 태어나자마자 선천적으로 발달한 이성의 눈으로 바라보았을때 어른들이 인생길은 윤리적으로 인간적으로 모두 추악한 길을 걷고 있다는것을 빠르게 알아차린 것입니다.

어른들은 부당하고 부정한 방법으로 돈을 벌기위해 혈안이 되어있었고 쾌락의 욕구를 채우기 위해서라면 가족, 지인간의 윤리와 예의조차도 헌신짝 버리듯이 무시해 버린다는 것을 직접 목도합니다. 생일 축하주에 취한체 어머니와 얀브론스키 아저씨 그리고 아버지인 알프레드 마체라트와 빵집 주인 세플러가 서로 엉켜있는 광경을 어린나이의 오스카는 마주합니다. 오스카가 본 것은 욕망을 제어하지 못하는 어른들이 저지르는 추악함 이었습니다.

이렇게 오스카의 눈에 비친 어른들의 세상은 혐오스럽기 짝이없는 비인간적 소굴이었습니다. 어른들이 추구하는 인생 성장과 세계의 발전. 그것은 정신의 깊이가 결여된 체 물질의 소유와 육체적 쾌락만을 추구하는 이성이 고갈된 기형적인 성장일뿐이었습니다.

오스카가 일부러 지하계단에서 거꾸로 시멘트 바닥으로 떨어져 성장을 멈춘 까닭이 그의 고백에서 명료하게 드러납니다. 나는 세 살되던 생일이후 북에 매달려 단 1센티미터도 자라지 않았다. 나는 세살짜리 어린아이 그대로였으나 3배나 현명했다. 다시 말해 나는 어른보다 키는 작으나 어른들을 능가하며 자기 그림자를 어른의 그림자로 재려고 하지않고 어른들은 백발이 될때까지 성장 등등의 어리석은 말을 하는데 반해서 나는 내면적으로 외면적으로도 모두 완전하며 어른이 때로는 괴로운 꼴을 당하면서 경험하는 일을 확인하는 것만으로 충분하고 해마다 큰 신을 신고 큰 바지를 입고서 그저 얼마쯤 성장했다는 사실을 증명할 필요 따위가 없어진 것이다.

일부러 성장을 멈추었지만 오스카의 내면은 스스로 완전하다고 말할정도로 성숙해 있었습니다. 물질의 소유에 집착하고 양적 팽창과 경제성장을 쫒으면서 육체적 쾌락을 위해서라면 인내심도 도덕도 내팽개치며 엇박자를 내는 어른들의 성장이라는 것은 오스카의 시선에서는 부당하고 기괴한것이었습니다. 도대체 누가 성숙한 어른이고 누가 유치한 어린아이라는 것입니까?

오스카 마체라트가 두드리는 양철북은 이성을 판별하는 척도가 되고 그 당시의 독일 어른들은 이성의 길을 역행하는 비이성적 길을 걸어간 몸집 큰 어린아이였다는 사실을 직접 말해주는 의미입니다. 그렇다는 증명은 다름아닌 히틀러와 나치를 맹목적으로 추종한 사람들이었기 때문입니다. 1920년~1930년대 사이의 독일은 경제적 어려움에 처해있었고 그 틈을 비집고 들어선 히틀러는 당시의 사회 문제였던 실업과 어려운 경제를 안정적으로 만들겠다고 하며 선동하게되고 경제적 안정이라는 말에 눈 돌아간 독일 국민들이 히틀러가 깔아놓은 전쟁의 불길속으로 비판없이 스스로 따라 들어갔던 것입니다.

오스카가 두드리는 양철북은 독일 어른들의 비이성적이고 반역사적인 생각과 판단 그리고 비뚤어진 경제적 성장과 안정을 비판하고 질타하는 항쟁의 북이라는 것입니다. 오스카는 양철북을 두드리면서 노래를 부르고 북을 빼앗기면 어김없이 소리를 지릅니다. 부르는 노래는 흘러가 닿는 유리마다 부서지고 지르는 소리는 날아가 부딪히는 유리마다 박살내 버립니다. 그는 나치의 집단주의행사에 몰래 숨어들어가 양철북의 리듬 소리로 집회를 방해하면서 무도회를 연출하듯 대중을 자유로운 왈츠 분위기로 이끕니다. 오스카의 노래. 내지르는 소리, 양철북 소리는 독일인들과 나치뿐만 아니라 이기적이고 추악한 인간(인류)에게 보내는 비판의 메시지입니다.

당시 독일인들을 또 다르게 표현한 에리히 프롬은 히틀러는 사디스트 처럼 국민의 자유를 억압하고 인권을 말살한 독재자였다.
독재자였는데도 그들은 히틀러에게 자발적으로 인권과 자유를 헌납하는 정치 마조히스트가 되고 말았다. 히틀러가 국민들에게 넉넉한 경제적 안정을 줄것이라는 맹신때문에 희대의 전쟁 싸이코에게 스스로 복종한 것이다. 라고 논평했는데 이는 아렌트가 역설했던 악의 평범함. 아이히만의 경우와 일치합니다.

OHW : 오스카가 두드리는 양철북은 기형적인 독일인들의 집단적 광기를 전면적으로 거부하는 저항이었습니다. 우리 주변에서 언제든지 일어날 수 있는 집단 광기가 부활하지 않도록 늘 살펴봐야 합니다.

3. 변신

중 1 하교길에 들른 작은 서점 책장에 기대서서 빠르게 읽었던 카프카의 변신은 쇼킹했습니다. 먹구름을 잔뜩 본 듯한 느낌이었고 실제로 그 의미를 제대로 알지는 못했습니다. 아직 어렸던 시절 그때는 그랬습니다. 1883년 체코 프라하에서 태어난 프란츠 카프카 (1883~1924)는 유대인 입니다. 당시의 체코는 오스트리아 제국의 영토였습니다. 오스트리아 제국은 독일어를 사용하기에 카프카는 독일어와 체코어 둘다 능통하며 20세기 독일문학 전반기를 대표하는 작가로 인정받습니다.

1906년 프라하에서 22세 때 이미 법학박사 학위를 받지만 창작에 더 집중하는 삶을 원합니다. 훗날 친구 막스 브로트에게 자신 사후에 남은 작품의 모든 원고를 불태우고 폐기하라는 유언을 남겼지만 막스 브로트는 오히려 그 반대로 원고들을 출판하면서 카프카 사후 빛을 보며 세계적인 명성을 얻게 됩니다.

직장 생활을 그만두고 집에 있게된 '그레고르 잠자'는 어느날 아침 일어나보니 본인 몸이 딱정벌레 갑충으로 변해있었다는 기이한 알레고리 기법으로 쓴 소설입니다. 어느날 아침 그레고르 잠자가 불안한 꿈에서 깨어났을 때 그는 침대속에서 한 마리의 흉측한 갑충으로 변해있는 자신의 모습을 발견합니다. 그는 철갑처럼 단단한 등 껍질을 대고 누워있었고 머리를 약간 쳐들어보니 불쑥 솟은 갈색의 배가 보였고 그 배는 다시 활 모양으로 휜 각질의 칸들로 나뉘어 있었다. 이불은 금방이라도 주르르 미끄러져 내릴듯 둥그런 언덕같은 배위에 가까스로 덮여있습니다. 몸뚱이에 비해 형편없이 가느다란 수 많은 다리들은 애처롭게 버둥거리며 그의 눈앞에서 어른거렸지만 그레고르는 존엄성을 가진 인간임에 틀림 없습니다. 그래서 그는 인간 본래 모습을 되찾기위해 회사의 수익률을 높혀주는 수단으로써의 기능을 그만두려고 하고 부모나 여동생의 지갑에 지폐를 채워주는 도구의 역할을 멈추려고 합니다.

그런데, 바로 그 순간부터 그레고르는 회사관계자들에게 갑충과 같은 인간이하의 대상으로 취급당하며 가족에게 조차도 인간이 아니라 등껍질을 가진 벌레 취급을 받게되는 냉혹한 현실과 회사와 가족 양쪽에서 인간으로써의 존재가치를 전혀 느낄 수 없는 소외감이라는 갑옷에 몸과 마음이 짓눌립니다.

몸뚱이에 비해 형편없이 가느다란 수많은 다리들이 애처롭게 버둥거리는 상황에서는 그레고르가 무언가를 호소하고 있다는 느낌을 받게되는데 그것은 회사의 매출달성 그래프에 갇힌 자신의 육체를 해방시켜 달라는 호소처럼 보이기도하고 영업의 기능적인 도구로만 사용되고 수익을 내는 효용성으로만 측정되던 자신의 정신을 인간성의 향기가 피어나는 곳으로 보내달라는 애원으로도 보입니다.

그레고르의 호소와 애원이 가족에게 보내는 것이라면 상황은 더욱 애처롭습니다. 더이상 가족과는 소통이 안되기 때문입니다. 그레고르의 몸이 딱딱한 갑충으로 변신했다는 사실은 이미 가족과는 소통이 단절 되었음을 의미합니다. 부모와 여동생은 벌레로 변한 그레고르의 말을 전혀 알아듣지 못하고 그저 벌레가 사그럭 거리는 소리로만 느낄 뿐입니다. 회사와도 인간적인 교류가 불가능했지만 이젠 가족마저도 그러하게됨에 이보다 더 참담한 소외가 어디 있었을까요?

그저 타성처럼 살아가는 각자의 삶이 단지 한마리의 벌레보다 더 나은게 무엇인지 생각하는 해보는 순간은 섬뜩한 공포를 느끼게 합니다. 그런 맥락에서 카프카의 '변신'은 기괴한 이야기로만 들리지는 않습니다. 인간 실존의 허무와 절대 고독을 주제로 하는 '변신'은 바로 이렇게 사람에서 벌레로의 '변신'을 말합니다.

벌레라는 실체를 통해 현대 문명속에서 기능으로만 평가되는 인간이 자기존재의 의미를 잃고 서로 유리된체 살아가는 모습을 형상화 한 것입니다. 그레고르가 생활비를 버는 동안은 그의 존재가 인정되지만 그렇지않은 그는 존재의미조차 사라져 버립니다.

서로에게 무관심한 인간의 세상속에서 가족간의 소통과 이해까지 얼마나 단절되어 있는가를 말하는 수작입니다.

카프카의 소설 '변신'은 정신이 물질에 예속되어버린 사회, 회사, 가족에 대해서 사랑이라는 숭고한 가치가 살아나기를 희망하는 역설이 있습니다. 카프카의 시대나 지금이나 여전히 정신보다는 물질을 교류와 소통보다는 소유와 소비를 자극하고 주장하는 가치관이 사람들의 몸과 마음을 사로잡고 있기에 더 그러합니다.

카프카의 '변신'은 프랑스 현대문학을 대표하는 알베르 카뮈와 장 폴 사르트르에 의해 실존주의 문학의 모델로 여겨지게 됩니다. 고개가 자신도 모르게 떨어지는 죽음의 순간에도 그레고르 잠자가 손에서 놓지 않으려고 애썼던 마지막 재산은 가족들에 대한 사랑 이었다고 카프카는 스스로 표현합니다.

마지막 숨이 힘없이 흘러나오는 순간에도 그레고르 잠자는 인생의 궁극적 목적을 사랑에 두고 있었습니다. 카프카의 어둡게 빛나는 천재성은 우울한 심연같은 변신에서 오히려 사랑을 인간 정체성으로 확정한 것입니다.

OHW : 오래전 느낀 카프카의 막연했던 어둠은 60이 되어서야 내 앞에서 환하게 웃습니다.

4. 과로를 사랑하는 곳은?

업워크 플랫폼 데이타를 보면 프리랜서와 임시직 근로자는 영원히 매순간 일해야 한다는 압박감이 있다고 합니다. 프리랜서로 일한다는 건 나쁜건 전부 좋고 좋은 건 전부 나쁘다 라는 특이한 사고방식에 빠지게 된다고 경고합니다.

밖에서 보기에 프리랜서라고 하면 직장인의 꿈처럼 보이면서 그들이 원할 때만 일을 하고 자신의 운명을 통제할 수 있는것처럼 보일겁니다. 실상은 프리터 입니다. 프리랜서로 일하는 당사자들은 프리랜서로 일하는 장점 뒤에 숨어있는 어두운 이면에 익숙해져야 합니다. 프리랜서로 일한다는 건 완전한 독립을 뜻합니다. 이는 현재의 자본시장에서는 완전 불안정의 다른 표현입니다.

프리랜서는 일거리를 구하기위해 가치보다 더 낮은 보수를 받아들여야 합니다. 작업료를 줄이려는 움직임은 일감을 주는 기업 어디에나 존재합니다. 프리랜서의 공급이 수요보다 넘칠 경우 보수협상은 불가능합니다. 시장 고객이 내고자 하는 비용에대해 프리랜서는 선택의 여지가 없습니다. 자기 몸값을 비용이 얼마든 거기에 맞춰서 하든지 안하든지 중간 조정과정은 없는 양자택일만 존재합니다.

한때 저널리즘은 자기 쓰고 싶은대로 독립적으로 쓰고도 돈을 벌 수 있는 낭만의 시대가 있었습니다. 하지만 저널리즘 시장이 치열하게 자본 경쟁화되면서 저널리스트들이 난립하게되자 그들의 가치는 폭락합니다. 그러므로 글쓰기는 부업으로 할 때에만 진정한 힘을 발휘합니다. 전업이 되는 순간부터 자본에 예속되는 환경이 되므로 거의 옳지 않은 방향으로 물들고 변질됩니다.

실리콘 밸리의 빠르게 움직이며 기존의 것을 파괴하는 이데올로기는 안정적인 일터는 무엇이든 없애버리려는 의지에 달려있습니다. 이들 스타트업 기업의 목표는 주식 상장입니다. 그렇게 하기위해서 얼마나 많은 댓가를 치러야 하는지는 상관 하지않고 주식가치를 올리며 성장하기 위해서 은근히 과로를 장려하며 질풍처럼 내달립니다. 그렇게해야만 그들에게 투자한 벤처캐피탈에게 제때 빌린 돈을 갚을 수 있기 때문입니다. 수많은 스타트 업 기업들은 사람들을 쉼없이 마우스를 움직이게 하며 N잡으로 살게하고 시궁창 같은 일자리를 보조하기 위한 또 다른 시궁창 일자리를 만들어 냅니다. 이것은 전통 경제의 대체제가 아니라 인간들 스스로 망가지면서 이미 무너진 전통경제를 떠받치는 형국입니다.

그러므로, 프리랜서와 임시직 근로는 고된일과 불안을 악화시킬 뿐이며 불안과 고단함을 없애지는 못합니다. 그들에게 혹여 시간이 생기면 그 시간에 시간당 알바라도 할 수 있었다는 후회나 불안이 생기게 만든 것입니다. 친구들과 보낸 생일파티로 고단해서 하루 쉰다면 그이든 그녀이든 그들의 생각이 하루동안의 임금을 못벌게 된것과 같다고 여기게 된다면 그것은 숨쉬는 지옥과도 같다는 것입니다.

이렇게 바탕 경제구조가 변한데에는 워커홀릭을 자랑삼으며 표준으로 받아들인 기득권 기성세대들이 고도성장 당시 잘 벌고 잘 생활한 이후 필연적으로 생기는 경제고도 성장의 이면에 있는 어둠인데 이를 후손에게 필터링 없이 그대로 찌꺼기를 치워주지않고 남겨버린 결과물입니다.

그들은 그렇게 머리가 좋지않더라도 일자리는 전국에 널려있었으며 가족 전체를 부양가능했던 산업고도성장의 신화같던 경제발전 시기는 완전하게 끝났습니다. 오늘날 젊은이들의 머리가 둔하거나 배움이 부족해서 일자리를 못찾는게 아니라는 것입니다. 과거의 앞선 세대들이 지금 젊은이들보다 더 뛰어나서 그렇게 모두가 직장을 잡고 생활한게 아니라는 것입니다. 앞선 세대들이 살았던 시대처럼 경기호황도 아니고 양질의 정규직은 별따기보다 더 어렵고 대부분은 임시직으로 운영되는 관계로 젊은이들의 경제 생활이 어려워지는 것입니다. 이것은 기득권 기성세대들이 고도성장과 발전의 단물을 있는대로 싹다 빨아먹고 빈 찌꺼기만을 남긴 결과입니다.

이제 그들. 우리의 후손들이 직접 고통을 겪는 중임에도 아무런 신경쓰지 않는 베이비부머 1차와 2차 세대는 사회의 중견 위치에 있으면서 잘 벌고 잘 투자하며 투기까지해서 마련한 그들의 부동산을 지금의 젊은이들에게 말도안되는 가격으로 영혼까지 끌어다가 큰 빚내서 본인들이 가진 집들을 비싸게 사라고 선동하고 온갖 불안을 퍼뜨리며 부추깁니다.

그들이 만든 '악랄한 부'의 이면에 울고 앉아있는 젊은이들이 그들의 눈에는 전혀 보이지 않는 것처럼 뻔뻔하게 행동하고 있습니다. 이 시대 어른이라는 인간들의 처절한 이기심과 부도덕에 대해 정화운동을 해야할 판인데 그걸 운영해야 하는 세력조차 기득권들이니 답은 커녕 앞조차 안보이는 답답한 지경입니다.

OHW : 경험으로 축적된 지혜를 젊은이들에게 순수하게 전해주는 선한 삶이 되도록 소원하고 노력합니다.

5. 아레오파지티카 Areopagitica

스튜어트 왕조 초기시대였던 1644년 11월 24일
존 밀턴 John Milton. 그가 35세때 발표한 언론관입니다.

나는 종교재판에 회부되어 연금상태에 있는 갈릴레오를 방문한 바 있다. 그는 성 프란체스코와 성 도미니크의 허가관들이 생각한것과는 다른 천문학을 연구했다는 이유로 종교재판에 회부되어 죄수로 지내고 있었다.

- 지금 생각하면 말도 안되는 무식한 시대였지만 당시 종교계는 전제군주보다 더한 독단적 힘을 발휘하며 사람들의 인식체계를 종교관 안으로 가둬두며 국가를 거의 집권하던 시기였습니다.

그리고 나는 그당시 종교계 고위 성직자들의 속박아래에서 영국이 극심한 신음소리를 내고있었다는 것을 알고 있었지만 그럼에도 불구하고 나는 그것을 다른 나라 사람들이 그토록 감명받고 있는 영국의 자유의 상징으로 받아 들였다.

- 이건 무슨 궤변인가요? 부당함에 말조차 못하는 자신의 처지에 대한 비열한 합리화로 들림

행정관들은 잘못 알지 않아야 하는데 만일, 인쇄의 자유가 소수의 권력으로 축소된다면 그들은 그런 오류를 훨씬 빠르게 범하게 된다. 지금도 린넨 Linen 의 품위라는 망령이 우리 주위를 맴돌고 있다.

- 성직자들이 입는 하얀색의 제복 속에 감추어진 위선적인 품위를 말하는데. 밀턴은

그의 다른 글에서도 성직자들은 그들의 육체를 신성한것으로 숭배하면서 향을 뿌리고 린넨으로 감싸고 온갖 귀금속으로 장식한다. 라고 쓰고 있습니다. 밀턴이 말하고 있는것은 허가제가 실제로는 지켜지지 않고 린넨의 망령은 살아서 우리 주위에 있다는 걸 표현한 은유적 비판입니다.

그가 주장한적도 없는 언론의 자유? 표현은 과장이며
그가 지적인 자유만은 확실하게 표현했으며 진리는 확정적이고 증명 가능한 것이며 자유롭고 공개적인 대결을 하게되면 이길 수 있는 독특한 힘을 갖고 있다는 것을 확인하고 있었습니다. 이러한 주장으로 인해 존 밀턴은 현대의 언론자유이론의 선구자로 규정받으며 그의 저서 아레오파지티카는 언론학에서 고전으로 여겨집니다. 한마디로 언론의 자유를 논할 때 밀턴의 책은 가장 먼저 인용됩니다. 그러나 다른 평가도 존재합니다.

L. Levy는 주의깊게 [아레오 파지티카]를 읽은 사람은 아무도 '모든 사람을 위한 자유언론'이 밀턴의 꿈 이었다고 말하지는 않을 것이다. 라고 확신 했습니다.

밀턴의 자유 언론관은 다수에게 적용된 것이 아니라는 것을 의미하고 있으며 종교계의 근원적으로 상이한 의견들에 대한 관용은 허락하지 않았다고 하며 로마 천주교와 공개적인 미신은 자유의 대상에서 제외하고 있었음을 지적하고 비판합니다.

그리고, 존 밀턴의 언론자유주의에 대한 과장된 관념들은 그의 글을 충분하게 읽지않은 사람들에 의해 이루어진 것 이라고 평가절하 합니다. 존 밀턴이 주장한 자유롭고 인도적인 정부는 오직 자유로운 저술 활동과 자유로운 발언이 허용되는 것에서 부터 비롯된다라고 단언을 했음에도 카톨릭교. 영국국교. 무신론자 또는 非그리스도교도들의 종교적인 논쟁에 대한 자유를 지지하지 않았다는 점에서 이중적 관점을 가졌으며 기회주의자라는 비판을 받고 있습니다.

이러한 존 밀턴을 제대로 모르면서 앞세우는 현재 언론들은 사상의 공개시장과 자율조정과정이라는 언론 핵심개념을 만들어 냈습니다만 한국에서는 이러한 기초 개념조차 제대로 적용하지 않고있는 언론계는 이익(수익화)집단으로 오래전부터 구조가 고착되었습니다.

OHW : 사방을 둘러보며 깊숙하게 관찰하면 할 수록 제대로 올바른게 하나 없는 사회이지만 지금까지 그런대로 잘 이어지며 순환되는 이유는 주변 바른 이웃들의 땀과 노력이 근간이 된 것 같습니다.

6. 오래가는 추종 전략
natural follower

생존 최우선으로 진화되어 온 인간은 리더의 기질이 발달하기보다는 무리 내에서 누가 나보다 더 똑똑하고 용감한지 재빠르게 찾아내어 그의 말을 따르는 타고난 추종자들 입니다. 그렇게 하는것이 생존에 가장 유리한 이유는 그 사람의 의사결정이 나보다 더 나을 가능성이 높고 설령 그 사람이 잘못된 의사결정을 하더라도 곧 다른 리더를 찾아 옮겨가면 되는 생존전략이 훨씬 더 자신의 생존에 유리했기 때문입니다. 그래서 약삭 빠르도록 유전적 진화를 거듭한 대다수의 인간들은 리더를 옮겨 다니며 생존에 가장 유리한 추종자 전략을 사용하는 것입니다.

추종자 집단에 속하려면 어떻게 해야할까요? 그들과 유사한 방식으로 사고하고 행동해야 합니다. 여기서 특별한 지력을 가진 사람은 이들과 잘 섞이지 못하게 되는데 이런 사람 대부분은 천재성이 많은게 사실입니다.

인간들은 보편적으로 생각과 행동이 예측 가능한 비슷한 수준의 부류들과만 함께 어울립니다. 본인보다 특별한 인간과는 어울릴 수가 없습니다. 그러나 너무 수준이 떨어지더라도 굳이 해롭지만 않다면 추종자들 집단에 속할 수 는 있습니다.

매우 약삭빠르게 진화한 대다수의 추종자 인간들 집단의 특성은 나보다 월등한 인간에게는 배타적이지만 나보다 못한 인간에게는 수용적이라는 겁니다. 그래서 솟아난 나무는 모두 달려들어서 헐뜯고 자르는 것입니다. 조금이라도 우월하거나 잘난 소수 특별한 인간에 대해 다수 추종자들은 못참는 것입니다.

그렇다면 리더에 순종하는 특징은 무엇인가? 나보다 탁월한 근거자체가 생존이 보장될 때에만 해당됩니다. 여기에는 지력과 유연성, 권력, 힘, 다양하게 포함되므로 지적인 탁월성 하나만으로는 약삭빠른 추종자들의 리더가 될 수 없습니다. 우리 인간의 뇌는 비슷한 단어 지도를 가지고 있으므로 인식을 서로 공유할 때 상호 관계 맺기에 유리합니다. 즉, 상호 수준이 서로 맞아야하며 수준이 너무 다르면 서로 친밀해지기 힘듭니다.

동향 사투리를 쓰는 사람들끼리는 쉽게 가까워지는 것처럼 비슷한 생각을 하는 사람들과 함께 있을 때 인간들은 서로 마음이 편합니다. 그러나 이들끼리만 있으면 마음은 편하겠지만 창의적인 발상이 잘 나오지는 않게 됩니다. 그래서 남이 가지 않는 길을 가려는 사람들 '순응하지 않는 사람들'은 가장 위태로운 사람들이기도 합니다. 생존에 가장 반하는 사람들이기도 합니다. 우리나라에는 왜 과감한 퍼스트 펭귄이 잘 나오지 않을까요?

그것은 한국이라는 환경에서는 생존에 불리하기 때문입니다. 사회는 늘 우리에게 모험을 즐기고 과감하게 시도하는 퍼스트 펭귄이 되라고 하지만 퍼스트 펭귄이야말로 무리에서 가장 위태로운 존재라는 걸 알고 있습니다. 퍼스트 펭귄이 바다에 제일 먼저 뛰어들었을 때 아래에서 기다리던 물개나 상어에게 잡아먹히며 핏빛 바다로 변하는걸 본 다른 펭귄 무리들은 재빠르게 다른 해안가로 이동하여 목숨을 부지하게 됩니다. 이런 상황으로인해 대다수의 인간들은 퍼스트 펭귄이 되어 먼저 뛰어내리지 않고 뒤에서 관망하거나 재빠르게 옮겨다니며 행동하는 추종자가 됩니다.

그리고 경제를 도약시키던 노동집약적 산업과 패스트 팔로워 전략 산업으로만 여태 경제를 밀고왔기에 더 이상은 글로벌 경제계에서 위치를 지키지 못하고 있고 노동력은 동남아로 패스트 팔로워 따라잡기 카피 전략은 이제 중국으로 거의 모든 시장이 넘어갔습니다. 이러한 이유로 인해 우리나라는 스스로 실패한 경험을 축적해서 성장하려거나 기초기술. 즉, 원천기술에 대한 투자를 더 해야함에도 정부차원에서 의지와 사기를 모두 꺽고 있습니다.(연초 과학기술 지원 예산 축소 등) 해외에서 성공한 안전한 전략만을 겨우 받아들이는 것은 미래 비전 자체가 없이 캄캄한 어둠 속을 걷는것과 같기에 언제 넘어져도 당연한 상황이 됩니다. 운과 재수로 경제를 운용하고 책상 앞에 앉아 종이 서류 뒤적거리며 과학을 발전시킬 수 있는게 아닌데도 이 나라는 지금 조선말기 흥선대원군 시대 같습니다.

경제 환경이나 정부 부처 사람들의 기질 자체가 이렇게 후지다보니 미국처럼 퍼스트 펭귄 역할을 하는 스타트업이 글로벌 무대로 쉴새없이 뛰어들며 과감하게 세계 최초로 글로벌 스탠다드를 만들어내는 경우가 전무한 것입니다. 혁신을 이루는 퍼스트 펭귄이 나타나려면 사회적 구조 자체를 도전하다 실패해도 관대하게 해주고 젊은이들이 할수있는 한두번 하는 좋은 실패는 패자부활이 확실하게 되도록 정책적으로 지원해서 그들이 도전하다 실패시 회복불능의 치명상을 입지 않도록 해주어야 합니다. 즉, 우리사회의 실패에 대한 혹독한 댓가를 치르게 하는 전반적인 시스템이 문제이지 젊은이들의 스타트업 정신과 도전정신이 결여된게 아닌 것입니다. 도전하는 기업들이 적어지는건 실패에 대한 혹독한 댓가와 함께 재기조차 하지 못 할 정도로 취급해버리는 사회적 문화에서 기인합니다.

한국이 세계 일류로 견인하던 거품낀 시장은 이제 모두 사라졌습니다. 아직도 있다고 생각한다면 그건 착각입니다. 이미 늦었지만 그래도 새롭게 노력해봐야 할 때인데 과연 모멘텀이 충분할지 의문입니다.

OHW : 한국이 지금까지 구사하며 생존해왔던 Fast Follower & Natural Follower 전략은 더이상 먹히지 않는 글로벌 환경이어서 심히 걱정됩니다. 다음은 뭘 할건지 아무리 기업들과 정부를 관찰해봐도 제대로 준비한게 안보입니다.

7. 스피노자의 정신

모세, 예수, 마호메트 3명의 사기꾼에 대한 이야기를 쓴 책입니다. 서론부터 쇼킹하죠? 내용이 길어지므로 이슬람(마호메트)과 유대교(모세)는 다음 기회에 다루고 오늘은 예수 기독교 관련해 나오는 내용만 보겠습니다.

이 책에서는 먼저 기독교가 그토록 허약한 토대 위에서 건재해왔고 어리석기 그지없는 자들까지 설교자로 나섰던 종교라면 웬만큼은 신성하고 초자연적인 종교가 아니겠느냐는 주장이 있는데 이런 말도 안되는 견해들을 세상에 퍼뜨리는 일에 아녀자나 바보들 만한 적임자들이 없다는 것을 모르는 말이라고 주장합니다.

기독교의 신앙과 교리는 인간의 보편적 판단과 이성에 비추어볼때 매우 낯설고 과격하므로 사도 바울은 기독교를 믿고 받아들이기 위해서는 인간 지력을 굴복시켜야하고 이성을 감금해서 얌전하게 만들어야 한다고 했습니다. 그러고 보면 예수 그리스도는 철학자나 지식인들을 자기 사도로 절대 임명하지 않았던 것이 별로 놀랄일도 아닙니다. 그는 자신이 내세우는 계율이 보편적 양식과는 반대라는 것을 잘 알고 있었습니다. 그렇기때문에 그토록 여러 군데에서 학자들을 노골적으로 탄핵했고 자신이 말하는 왕국으로부터 배척했으며 오로지 지력(지성)이 박약한 자들과 단순하거나 어리석은 자들만을 받아들였던 것입니다.

물론, 합리적인 정신의 소유자들은 약간 정신적으로 맛이간 저들과 같이 취급되지 못한다는 걸 전혀 애석해하지 않습니다.

지금 여기서 예수 그리스도의 책략을 다루는것은 범위를 많이 초과할듯 하여 간략하게 신약성서만 들춰봐도 충분할 것 입니다. 학식과 지력을 갖춘 자들. 즉, 믿음에 인색한 자들 앞에서 기적을 선보이는 일을 예수가 얼마나 주도면밀하게 회피했으며 얼마나 교묘하게 모세의 율법을 자신의 계율로 옮겨갔는지 그 속에서 죄다 확인할 수 있습니다.

처음에 그는 모세의 율법을 말살하려는 것이 아니라 완성하려고 세상에 왔다고 주장했습니다. 그러다가 추종하는 무리가 점점 커지자 자신은 물론 제자들까지 그 율법의 준수 의무로부터 벗어나기 시작했고 실제로 율법을 어길때마다 일일이 변명을 늘어놓기 시작합니다. 흡사 처음 권력이 공고하지 않을때는 자기를 따르는 세력에게 온갖 혜택을 내려줄 것처럼 약속했다가 막상 권좌가 튼튼해지고 무엇이든 행할 수 있게되면 모든 약속을 내팽개치는 신흥 군주들의 행태와 같았습니다.

설령, 거기까지는 아니라고 변명하더라도 선임자들이 세운 규약들을 보다더 공고히 한다면서 실제로는 완전히 말살하고 부지불식간에 자신의 새 법령으로 대체한 약삭빠른 새군주의 모습인 것만은 확실합니다. 카톨릭 교황 보니파키우스 8세와 레오 10세가 예수 그리스도는 하나의 허구이며 율법은 무지때문에 만연하게된 한 줌 몽상일뿐이라고 말하는 것에 대해 진실을 훼손하는 것이라고 지적하는 진짜 현자는 하나도 없으면서 말입니다. 교황 레오 10세는 어느날 집무실로 들어서면서 온갖 보화가 잔뜩 널려있는 것을 보고는 이렇게 외쳤다고 합니다.

예수 그리스도의 황당무계한 이야기가 우리 재산을 불리는데 도움이 되긴 되는구나. 어떤 상황이든 주여하고 부르기만 해도 막 갖다바치는 걸 목격한 것입니다.

복음서들은 율법서들과 마찬가지로 여러가지 진실과 더불어 여러가지 거짓도 가르쳤는데 예를 들어 삼위일체는 가짜이고 신의 현현과 성체안의 실체 변화 같은 건 우스꽝스런 소리일 뿐 이라는 것입니다. 예수 그리스도를 논할때 일반 철학자들과 구별되는 그만의 독특한 윤리에는 두가지 문제가 눈에 띕니다. 하나는 자기 자신을 미워하라느니. 원수를 사랑하라느니. 사악한 자들에게 저항하지 말라고 하는 것 등이고 또 하나는 바로 자기 제자들과 떠돌이 추종자 거지들이 무사히 연명할 수 있게하기 위해서 특별하게 고안된 윤리가 아니냐는 것입니다.

실제로 그 속에는 부자들의 인색함에 대해서는 저주가 끊이지않고 등장합니다. 그말을 뒤집어보면 추종자들이 떠돌아 다니면서 곧 남의 덕으로 먹고살라는 가르침이 아닌가요? 예수 추종자들이 떠돌아 다닐때 환대해주는 가정과 사람. 마을과 도시들에는 축복의 지침이. 반대로 거지와 떠돌이들을 박대하고 내치는 곳에는 저주의 지침이 너무나 많은데 원수까지 사랑하라면서 너무 말이 안되죠?

예수의 말들은 고대 철학 저술에서 그대로 인용 카피하게 너무 많은데 과연 최소한 모방이 아닌것을 찾을수나 있는가? 하는것도 큰 문제입니다. 성 아우

구스티누스는 사도요한의 복음서 서두 전체를 예수 출현 이전 고대 철학자들의 저서에서 그대로 발견했다고 스스로 고백 했습니다. 성 아우구스티누스는 그나마 고백을 해서 양심은 있었지만 그외 사도들은 다른 저자의 글을 노략질 하는데 어찌나 능수능란 한지 고대의 예언자나 철학자들로부터 온갖 비젼과 수수께끼를 훔쳐 썼으므로 자신의 묵시록을 꾸미는데 조금의 어려움도 느끼지 않았다는 것입니다. 고대의 잡다한 파편더미들을 짜집기해서 성서를 작성한 랍비들이 위대한 철학자들의 글을 차용한것이 아니라면 [구약성서]의 교리와 플라톤 철학의 합치점들을 어떻게 설명할것입니까? 예수보다 플라톤이 4백년이나 앞선 사람입니다. 누가 누구의 글과 지식을 베낀 것입니까?

이 세상 개벽을 설명하는 구약 창세기는 티마이오스를 이야기하는 플라톤의 자연과학 대화편에 나오는 것과 똑같습니다. 한편 [파이든]에서 소크라테스는 시미어스를 상대로 성서의 낙원 모습을 저리가라 할 정도의 아름다움을 묘사하고 있다. 아울러, Androgunos(양성·중성)의 이야기야말로 창세기에서 아담의 늑골로부터 하와를 만들어내는 것에 비해 얼마나 근사한 발상입니까?

구약성서의 헬라스어 번역 작업이 착수된것은 BC 285~246이며 플라톤이 살았던 시기는 BC 427~347이니까 약 백년 앞서 산 플라톤의 철학과 글들을 성서에서 도용? 아니 좋은 말로 차용? 한게 사실로 드러났습니다만 아무도 여기에 대해서는 검증 토론하지 않고 약속한 듯 함구하고 있습니다.

불에 타버리는 소돔과 고모라의 운명과 불살라지는 파에톤의 운명보다 더 닮은 운명이 있을까? 요셉과 히폴리토스는 또 어떤가? 너브카드네자르와 리카온은? 이스라엘 백성의 만나와 신들의 암브로시아는?

[다니엘서 7장]에 나오는 거대한 물줄기는 '영혼 불멸에 관한 대화편'에 나오는 퓌뤼플레게톤(그리스 신화에 나오는 하계를 흐르는 지옥의 강 아케톤의 지류)의 노골적인 모방입니다. 성서의 저자는 고대 철학자들의 저서와 헤시오도스. 호메로스 등의 내용에서도 꾸준하게 인용한것이 나옵니다.

본 글은 17세기 유럽에 나온 비밀출판물 가운데 가장 악명높았던 금서인데요, 네덜란드 로테르담에서 '스피노자의 정신'이라는 제목으로 출간된 이책에는 신과 종교에 대한 믿음이 진실인지? 우리가 진실이라고 믿고 싶은 마음이 투영된건지? 에 대해 성서 구절들을 들며 역사적 고증을 하며 모순들을 지적합니다.

당연히 이 책은 끔찍한 신성모독으로 취급받고 출판이 더이상 안되었으며 비밀리에 수사본으로 한정된 소량의 부수만이 지성인들 사이에 유통되었다고 합니다. 당시 스웨덴 제일의 지성적 군주였던 크리스티나 여왕이 이 책을 구하기 위해 막대한 자금을 동원했으나 구해오는 사람이 한명도 없었다는 일화도 있습니다.

종교는 사기술이라며 세계 3대 종교에 직격탄을 날려버리는 17세기의 비밀 출판물 내용이었습니다. 후대 자유사상가였던 볼테르마저 이책의 신성 모독적인 과격함과 대범함에 기겁을 했을 정도이고 이 책을 본후 볼테르는 경악한 나머지 다음과 같은 유명한 말을 남겼습니다.

OHW : 만약, 신이 존재하지 않는다면 만들어 내기라도 해야 할 것이다.

8. 관계 關係

관계 : 둘 이상의 사람이 서로 어떠한 방면이나 영역에서 관련 맺고 있음.
　　　이 단어는 주로 인간 관계 Human relations를 일컫는 용도로 쓰입니다.
　　　인간관계 개념을 정의하는 글들이 넘쳐나지만 관계의 핵심 본질은 상호간 의식(내적 요소.가치관)과 성향(외적 방향과 행동)이 조화를 이뤄야 건강한 관계가 됩니다. 이중 하나라도 다르거나 또는 틀리기까지 하다면 문제가 생기거나 진정한 유대를 쌓을 수 없습니다. 사람간의 상호성을 표현하고 알아차리는데는 굳이 말과 행동 특성을 오랫동안 관찰하지 않아도 되며 짧은 순간의 말과 행동(언행)에도 분명한 느낌과 메시지를 서로 받습니다.

이것을 '촉'이라고도 하고 '느낌'이라고도 합니다. 본능적 감각에 가까운 것이라고 해도 될것입니다. 이러한 feel(느낌.감각)이 무디면 곤란한 일이 발생합니다.
사람들이 아무리 이익구조화 되어 이익 연관성이 깊은 사람과만 활발한 교류가 일어난다고해도 그 또한 본능적이고 정상적인 것이므로 세상 사람 다그래도 나 혼자는 안그런척 하는 거짓 합리화를 시도하지 않아도 됩니다.

상호간 의식과 성향이 비슷하다면 소통의 퀄이 만족스럽게 이어지면서 시간이 흐를수록 지적인 교류는 물론이고 삶을 살아가는데 필요한 에너지인 활력도 동시에 교감할수 있게 되는 것입니다. 가끔 다른 사람끼리 모여있어야 더욱 발전한다는 등. 인간의 발전 역사는 혼종이다는 식으로 각자 다른 개성들을 한군데로 묶어놓고 그 속에서 다양하고 창의적인 아디이어를 내려고 하지만 정반대입니다. 의식과 성향이 유사할수록 조직이든 다자간이든 통합되는 시너지 효과가 더 크게 일어나므로 기대이상의 결과물이 도출되는 것입니다.

관계라는 상호작용을 짧던 길든 하는 순간이나 상황이 정례적이거나 또는 갑작스럽게 온다해도 그 순간은 오로지 그 둘만의 세상이고 그 집단만의 세상이 되도록 해야합니다. 짧은 5분을 대화하더라도 내앞에 있는 상대에게 진정으로 대하는 태도는 매너이기전에 기본적인 인간 룰 입니다.

세상을 살아가는 노하우는 복잡하지 않습니다.
바로 당신 앞에 있는 사람에게 그 순간 할수있는것을 하면 됩니다.
그렇다고 오버 슈팅해서 본인 한계를 넘어서까지는 하지마시구요.

진정성으로 대하되 절제하라는 것은 너무 심하게 집중하면 본인 삶이 피폐해지기 때문입니다.

요약하면 지금 내 눈앞에 있는 사람이 내 마음에 있는 사람이라면 진정성있게 대해라. 그러나 내 마음에 없는 사람. 즉, 나와 의식이나 성향이 맞지않는 사람이라면 굳이 집중력을 길게 소모하지 말고 주고 받는, 받고 주는 기본 원칙만 충실해도 인간 도리는 됩니다. 오해할까봐 다시 정리하자면
내가 도움 받았으면 받은걸 돌려줘야 한다는 것이고
　　→ 나를 도와준 상대가 힘들거나 내 도움을 필요로할때 모른척 입 싹 닦으면 안됩니다.

내가 상대에게 도움을 줬으면 내 도움을 받은 사람도 나에게 인간 도리를 해야한다는 것입니다. 간단하지만 이것은 인간세상의 기본 규칙입니다. 이런 기본기도 없는 사람과는 교류 할수록 나락으로 갑니다.

그리고 착취적인 관계는 바로 단절해야 합니다. 본인 주변을 이성적으로 관찰해야 알수있습니다. 물질적이거나 정신적으로 끊임없이 상대를 이용하는 사람들이 있는데요 그들을 빠르게 알아차리는 방법중 하나는 뒷담화(타인 험담) 입니다. 이런 행동하는 사람치고 여태 살면서 옳은 인간 못봤습니다. 그들은 뒤에서 당신에 대한 험담도 당연히 합니다. 만약 당신에 대해 험담까지는 아니더라도 분명한건 당신을 철저하게 필요에 의해서만 짜내듯 이용할거라는 사실입니다. 이렇게 악한 성향을 가진 인간들에게 착한사람 콤플렉스를 뿜어내며 손해보고 베풀며 사는 멍청한 행동을 하는 이들은 의외로 많습니다.

부모자식같은 혈연 관계 이외의 모든 관계는 어차피 인간의 이기적 필요에 의한 모멘텀으로 형성되는 관계입니다. 그러니 인간 관계에 대해서 심오해지거나 고민할 필요까지는 없다는 내용입니다.

OHW : 관계는 시크. 담담하게. 물흐르 듯 집착하지 말고.

9. 고독의 양편성

2023년 12월 프랑스 리옹에서 열린 정신건강학회는 영국과 일본의 '고독' 관련한 정부부처 신설에 기뻐했습니다. 사회적 고독에 대해 몇개 국가가 도입한 이러한 조치는 마침내 고독 자체를 심각한 국가적 문제로 취급한다는 시그널입니다.

코로나 시기를 겪는동안 사람들은 실내에 머물러야했고 대중시설 출입제한을 받아서 자연스럽게 소통하는 빈도 자체가 크게 줄어들었습니다. 2021년 프랑스 총리실 산하 통계에 따르면 15세이상 프랑스인중 인간관계에 있어서 주변과 그 어떠한 교류도 없거나 또는 거의 없는 사람이 무려 24%에 달한다는 자료를 공개했습니다. 놀랍게도 개방적이고 외향적인줄 알았던 프랑스 문화에서도 해마다 고독 인구가 증가하고있다는 것입니다.

최근 고독 문제가 야기하는 어두운 사회 현상들에 대해 연구기관들은 깊이있게? 연구를 하고 언론에서도 자주 기시화하고 있지만 고독 문제는 1980년대 초반 공공과 민간분야에서 자주 언급된 사회보장제도 정책의 유효성을 시험해볼 수 있는 주제 입니다.

외형적으로는 공공기관과 민간이 총출동해서 이러한 문제를 해결하고자 하는 것 같아 보입니다. 그러나 이들은 언제나 지출을 줄이는데 더 혈안이 된 행정부와 자신들의 조직을 홍보할 생각만 하는 자선단체와 기업. 고독관련 협회의 집합체일 뿐입니다. 문제는 심각한데 보잘것 없는 단순 해결책 몇개만 나열해놓고 하나마나한 그들의 자화자찬식 정책에대해 찾을 수 있는 답은 더이상 안보입니다.

고독은 특정한 범주의 사람들이 갖는 문제라고 일반적으로 인식되고 있는데 이러한 인식에는 특정 범주에 속한 사람들에대해 무능력하고 불행하다는 사전 편견에 의해 내린 판단이기도 합니다. 가끔 고민하는 척하는 언론에서는 고독을 위험? 하다면서 사회적 관계를 다시 맺을 필요가 있다고 말합니다. 돈 없고 학위없고 직업없고 집없고 정치나 경제권력에 대해서 비판의식도 없는 이들의 경우 '사회적 관계'가 형성되면 고독이 해결된다는 것인데 입에 발린 누구나 쉽게 내뱉는 스쳐지나가는 바람보다 못한 헛소리에 불과합니다.

즉, 언론과 공공기관 정부의 심각하고 고질적인 문제점은 고독한 사람들에 대해서 사회적 단절이 되지않도록 하면 된다는 식의 사고방식만 갖고있는 무성의한 정책 결핍으로 인해 고독한 이들이 힘들어하는 매우 실질적인 빈곤과 구조적 상황은 고독의 문제가 아니라며 외면하고 고개를 돌리고 있는 것입니다.

역설적이게도 공공기관이 고독한 사람들을 대하는 복지정책과는 다르게 고독을 대합니다. 예산 절감을 위한 의도적인 정책 혼란이기도 합니다. 유명 인사들은 홀로 승마나 도보로 스페인의 콤포스텔 순례길을 걸어가며 사회와 단절되려고 합니다. 이들은 대부분의 남들과는 달리 고독을 즐기려는 취향을 드러내며 '사회적 관계' 맺기가 아닌 그것으로부터 '거리두기'를 통해 자신들의 문제를 오히려 '고독'으로 해결하는 것입니다.

이렇듯 다른 사회 계층에서는 지금 현대사회가 심각하게 다루고있는 '문제로서의 고독'을 처리하는 방법으로 '고독'을 해결책으로 삼고있는 것입니다. 예를들면 '구도적이고 고요한 은둔 생활' '이루기 힘든 운동 목표 설정' '무인도 임대나 매매' 등. 교양있고 지적이며 풍족한 사람들에게는 이 세상이 견딜수있는 곳으로 남으려면 바쁘고 혼탁한 사람들 세상에서 오히려 벗어나야 하기 때문입니다. 그리고 시간과 에너지, 돈을 지닌 사람들은 '자발적으로 선택한 고독'을 통해 가치있는 특별한 일을 만들어 내어서 대중에게 알리고 더 큰 부가가치를 만들기도 합니다.

경쟁사회내 '고독'의 양면적 관점. 빈자의 고독은 인생의 가중된 고통이고 부자의 고독은 행복의 필요 선택이라는 것입니다. 빈자일수록 고독을 몸서리치며 부자일수록 고독을 즐긴다는 것을 의미합니다. 만약 빈자가 고독을 즐긴다면 초월한 삶이 아니라 의탁 인생임에도 비겁하게 자기합리화를 하는것에 불과합니다. 실제 고독은 나쁘거나 암울한게 전혀 아니지만 처한 상황따라 다르다는 것입니다.

사람들로 가득찬 장막에서 고독으로 자신의 시야를 걷어내는 순간 생각이 맑아지고 다시 태어나는 기쁨을 맞이합니다 혼자있으면 주변 사물에서 나타나는 아주 작은 기쁨까지 온전하게 누릴수 있다고 '실뱅 테송'은 말합니다.

모든 사람들이 원하는 것이 '일상으로부터의 탈출' 아니었습니까?
일상에서 탈출이라는 것은 고독이 목표라는 뜻입니다. 아이러니하죠?

연민의 대상이 되든 열광의 대상이 되든. 뭐든 간에 고독이라는 것은 늘 강자의 관심입니다. 약자에게 고독은 고독이 아니라 고통이기 때문입니다. 사회적 강자들에게는 고독이 자신들에게는 최고의 동반자라는 것을 알고있으며 그들은 고독을 자연스럽게 즐깁니다. 그러나 힘없고 가난하기까지한 다수 사람들은 고독 자체를 못견뎌하며 강요되는 사회적인 관계들에 대해서도 살아가기 위해 애써 만족하는 척하며 지내는 것입니다. 이들에게 고독이란? 즐거움이나 여유가 아니라 어렵고 힘든 삶 자체가 되기때문에 그보다는 부대끼며 사는게 더 낫다고 판단하기 때문입니다.

OHW : 고독은 처해있는 입장과 상황에 따라 양면적 기능으로 존재합니다.
 그렇기에 빈자와 부자의 고독은 개념 자체부터 달라지는 것을 알 수 있습니다.

10. 줄리언 어산지

2024년 6월 25일 14년동안의 구속에서 석방된 '줄리언 어산지' 그가 감옥에 간 이유는 전쟁 범죄를 폭로한 기자여서 장기형으로 구속 되었던 겁니다. '위키리크스' 창립자로써 명성을 떨치다가 석방된 줄리언 어산지를 바라보는 언론들은 하나같이 못마땅한 표정입니다. 시차별로 정리하면 출소한 당일 6월 25일 영국 BBC는 '홍보 효과를 노리는 자'로 멸칭을 사용했고 6월 26일 프랑스 앵포는 '러시아의 이익을 위해 활동하는 자로 의심되는 자'로 6월 26일 프랑스 르몽드 는 '속을 알수없는 자'라고 했습니다. 그리고 6월 27일 미국 뉴욕 타임즈는 '여러 사람을 곤경에 빠뜨린 경솔한 폭로자'라고 하면서 그야말로 미국, 영국, 프랑스 서구 진영을 대표하는 3개국에서는 어산지가 석방되자마자 그를 흠집내는 기사를 계속 써대고 있습니다.

전쟁 범죄를 폭로한 기자가 14년간의 구속에서 풀려나면 보통은 언론들이 동료의식으로 환영해줘야하는데 왜 이렇게 줄리언 어산지에 대해서는 비난조 기사로만 일관할까요? 언론들이 어산지에 대해 차갑게 돌아서며 냉랭해진 이유에 대해 르몽드는 이렇게 주장합니다. 줄리언 어산지는 끊임없이 논쟁을 불러일으킨다는 것으로 인해서 좋지 않은 그의 명성은 타당하다고 했습니다. 실제 어산지와 관련된 논쟁들은 사실 여부가 밝혀지지도 않은 상태에서 마치 사실인것처럼 더 부풀리며 사이드에서 간접 보도 기사를 쏟아냈던 그들의 잘못이 더 크게 있다는 사실을 지식인들 모두는 알고 있습니다.

과거 위크리크스와 서방 언론들의 결탁은 이해타산적 이었습니다. 견고하지 않으면서 느슨한 타락관계는 상호 필요 이익만 주고받는 계산으로 맺어진 것 이었습니다.(주는 관계는 빼고 오로지 이익을 추구하며 이용하고 받는 관계였음) 2010년 위키리크스는 미국 정보기관의 첼시 매닝이 넘겨준 기밀 문서를 공개하며 언론계 스타로 급부상하며 세계적으로 유명해집니다. 그 내용은 아프가니스탄과 이라크에서 미군이 자행한 잔인한 전쟁 범죄와 쿠바 관타나모 기지 수용소의 열악한 환경. 그리고 미국 외교부의 어두운 이면등이었는데요. 이런 기사에 대해 서방 언론들은 몇달동안 미친듯이 확대 재생산하고 퍼다나르며 전 세계를 떠들석하게 도배했습니다.

Cablegate라고 알려진 이 사건에 대해 뉴욕타임즈, 가디언, 슈피겔, 엘파이스, 르몽드는 25만건의 외교적 텔레그램을 통해서 수많은 특종을 터뜨리며 자사의 이익을 최대한 취했고 2010년 12월 24일 프랑스 '르몽드' 편집부는 '줄리언 어산지'를 올해의 인물로 추켜세웠지만 최대한 이익될때에는 갖은 수를 써서 동업자 정신을 내세우며 이용하던 어산지였는데 지금은 쓰레기보다 못하게 취급하고 있습니다.

위키리크스의 어산지에게 서방 언론들은 이해관계에 맞을때는 이렇게 상까지 줬으면서 조금의 이익도 되지않는 순간부터는 과거 본인들의 행태에 대해서는 싹다 지우고 외면한체 쥴리언 어산지 한명을 대상으로 헐뜯는걸 보고있습니다. 참 비열하죠? 과거 그들은 위키리크스가 가공되지않은 날것 정보를 제공하면 이를 대충 증명하고 분류한뒤 약간의 가공된 편집을 거쳐 특종을 터뜨리는 영광을 계속 누렸습니다. 서방 언론들은 한때 줄리언 어산지를 지구상 좋은 뜻의 가장 논쟁적인 인물로 추켜 세웠습니다.

미국은 1917년 제정된 스파이 방지법을 위반한 혐의로 2019년 5월에 줄리언 어산지를 기소 했습니다. 공익을 위해서 기밀정보를 획득하고 폭로하는 언론의 통상적인 활동을 범죄로 규정하며 사실상 언론의 입을 영구적으로 완전하게 틀어 막아버린 초법적인 언론탄압으로써 핵폭탄과 같은 것이었습니다.

결국 7년 가까이 숨어지내던 에콰도르 대사관에서 영국 경찰에 의해 체포된 줄리언 어산지의 운명에 대해서 세계의 유수 언론과 독립 언론들이 관심을 갖지 않았던 이유를 여러개 들어보면 우선, 줄리언 어산지 행동은 인권수호자이거나 법을 준수하는 시민의 행동이 아니며 2011년부터 그는 미국의 파기된 문서들을 공개하면서 언론인 서약서를 조롱했다는 것. 다음은 스웨덴에서 성폭행으로 두번 소환되지만 응하지 않았다는 것. 세번째로는 민주주의 국가의 기밀을 폭로하는데만 열중하고 독재국가에는 관심조차 없었다는 것. 네번째 줄리언 어산지가 러시아 정부의 지원을 받는 프로파간다 방송인 러시아 투데이라는 TV방송을 위해서 일했다는 것. 다섯번째 러시아 정보기관에서 입수한 문서를 미국 민주당측에 전달해서 당시 후보였던 힐러리 클린턴을 불리하게 만들었다는 것. 여섯번째 자기중심적인 사고방식으로 위키리크스를 운영해 결국 주변의 모든 사람들을 떠나보냈다는 것. 일곱번째 팩트체크없이 즉, 사실확인 작업과 맥락 파악없이 날것 그대로 공개해 기자의 직업적 윤리를 저버렸다는 것. 여덟번째 그의 양면적이고 불분명한 태도와 무차별적인 문서공개로 인해 많은 이들을 위험에 빠뜨렸고 공개적으로 미국 대선에서 트럼프를 지지해서 한심하다는 소릴 들었다는 것인데요? 이제 서방 언론들은 어산지가 그동안 좋은 비밀은 폭로하지 않고 나쁜 비밀만 폭로하면서 그들과 정보를 제때 나누지 않아서 분개한다는 말을 해야합니다만 실제 속은 드러내지않고 빙빙 돌려까기를 계속 하고있죠?

알다시피 많이 열거한 어산지에 대한 문제점들은 실체가 없는 것이었습니다. 그런데 이젠 모두 그렇게 믿고있습니다. 이것은 기존 기득권을 구축하고있는 여론의 단결된 힘으로 한 개인에 대해서 집단 린치에 가깝게 언론을 완전하게 조작한 것입니다.

그가 스웨덴에서 받은 성폭행 혐의는 예비조사 단계조차 통과하지 못했습니다. 무죄라는 것인데도 이런건 언론들이 절대 기사화하지 않습니다. 어산지가 트럼프 대선캠페인 책임자 폴 매너코토를 만나서 지지했다는 것도 러시아 해커들이 민주당에 불리한 문서를 위키리크스에 제공했다는 것도 모두 거짓입니다. 각종 왜곡된 내용들을 어산지에게 뒤집어 씌운 서방 언론들은 위키리크스보다 더 심하게 가짜 뉴스를 생산하며 생사람을 완벽하게 잡아놓은 것입니다.

이렇게 생사람을 잡아놓고도 당당하게 TV와 뉴스에서 말하는것이 있습니다. 현 시대의 가짜 뉴스와 음모에 대해 모든 자유 언론이 맞서 싸워야 한다고요. 이젠 그들의 거짓말을 충분하게 겪어봤으므로 그럴듯한 명분을 내세울수록 줄리언 어산지가 억울하게 14년 동안이나 구속수감되었다가 풀려난 지금도 여전히 그를 박해하기 위해 서방의 모든 언론들이 힘을 합치는 모습에서 가뜩이나 낮은 언론 신뢰도는 바닥으로 추락했습니다.

정직한 기자는 이제 더 고립되었고 추락하고 있으며 부정직하고 부패한 언론과 기자는 출세와 부를 거머쥐고 달리는 세상이 되었기에 더이상은 언론사와 언론인들이 정상적인 역할을 수행하리하고 믿기 어렵게 되었습니다.

OHW : 타락한 저널리즘. 언론의 사명은 사라지고 이익만 추구하는 시대

11. 좋은 삶의 기준 다섯가지

하나. 가족들과 사이가 좋아야 합니다

- 마나님이나 자식들과 사이가 돈독할수록 삶의 질은 올라갑니다. 가족관계에서 오는 행복감은 돈으로 환산할수 없이 가치있습니다. 세상에서 가장 고귀하고 소중한 것이기 때문입니다.

둘. 적정한 수준의 돈은 있어야 합니다

- 자식을 키우고 생활을 하면서 아무리 빠듯하더라도 돈은 모아둬야 합니다. 근검하지않는 과시용 소비, 지나친 해외여행, 분수를 넘는 차, 명품, 값비싼 외식에 홀릭하면 노후는 비참해집니다. 문화적 수준은 그사람 자체이기에 퀄리티 높은 걸 하되 그또한 제한적으로 즐기면서 지나치지 않도록 절제 되어야 합니다.

셋. 가치있는 취미가 있어야 합니다

- 노후에 계속 할수있는 취미를 만들어 놓아야 한다는 것은 젊어서부터 준비해야 한다는 의미입니다. 좋아하는 취미가 있다면 길게 투자하며 오랫동안 준비해야 합니다. 독서가 취미라서 막상 제대로 준비하려면 그렇게 쉽지만은 않습니다. 책을 좋아한다면 평생 읽고 쓰며 사유할 만한 도서량을 미리 사모으고 준비해야하는데 대략 3천권 정도를 소장하게되면 평생 읽고 쓰는데 큰 문제는 없습니다. 약간 부족하다면 도서관에서 채우면 되지만 늦

어서 도서관을 찾아다니는것도 번거롭죠. 그러므로 서재 공간을 아예 도서관으로 만들어 놓아야 합니다. 30년 넘게 책을 사 모은다면 굳이 도서관으로 책 찾아서 안돌아다녀도 집에서 거의 해결이 될겁니다. 골프채는 자손에게 남겨지지 않지만 좋은 책은 대를 이어 빛을 발합니다.

넷. 가장 소중한 자신에게 투자하십시요

- 천번 잘해줘도 단 한두번의 오해로 무너지는게 인간 관계입니다.

오랜 시간동안 잘해주며 진심을 다했어도 일순간 무가치해지는것이 사회적 인간관계라는 것을 겪어보면 그때서야 알게됩니다. 이런 경험을 쌓은 사람은 인간관계가 부질없음을 잘 압니다. 그러므로 자신을 향해 시간을 더 갖고 자신에게 쓰는 비용을 아까워 하지말아야 한다. 혈연이외의 타인에게 아무리 많은 시간과 재화(돈)를 쏟아부어도 관계의 불변과 영속을 기대할 수는 없습니다. 자신에게 많은 재화와 시간을 사용하십시요. 그러면 진정으로 멋진 인간이 되는 즐거움과 함께 안정적이면서 완성된 본인 삶에 더 가까워질수 있습니다.

다섯. 좋은 사람 놀이는 이제 그만 STOP

- 좋은 사람처럼 되거나 보이려고 상대의 말이나 요구대로 살지 마십시요. 관계가 일방통행이 되는 순간부터는 종속된 노예처럼 변질됩니다. 그러니 사람과의 관계에 대해서 잘하려고 애쓰지 마십시요. 타인과 잘 지내는 것은 어렵습니다. 겉으로보기에 잘지내는것 같은 사람들도 그렇지만은 않습니다. 부모 자식간에도 의견이 다르고 형제간에도 다투는게 사람인데 어떻게 생판 모르는 남과 같이 일하는 동료라는 이유로 학교 동창이라는 갖가지 이유로인해 친밀하게 될것이라는 생각을 진정으로 한단 말인가요?

그건 불가능한 것입니다. 그러하니 모든 인간관계에 대해서 애쓰지 말고 오늘부터는 힘을 쭉 빼십시요. 이제부터는 서로의 관계에 매달리지말고 대면대면하게 감정을 표현해내는 습관을 들이면 스스로 점점더 편하게 될 겁니다. 어차피 나와 안맞는 사람과 잘 지내려고 할수록 피곤하기만 합니다. 누구에게나 좋은 사람이 되려고 하지마시고 나에게 이로운 사람이면서 나와 정서적인 공감까지 어느정도 되는 사람이 있다면 그런 사람에게 잘대해주면 됩니다. 나를 중요하게 여기지않고 신경쓰지 않는 사람들에게 신경쓰면서 마음 다칠 필요가 하등없습니다.

OHW : 다섯가지 조건 모두 이뤘다면 정말 대단한 사람이며 앞으로 더 가치 있는 일도 할수 있을 것입니다.

12. 유혹·절제·균형

나는 무엇이든 이겨낼 수 있다. 단 하나 유혹만 빼고 - 오스카 와일드 -

모든것에 대해 절제하고 살면 풍요롭고 안정적으로 될 확률이 높습니다. 그렇다고 절제를 지나치게 하면 부작용이 생깁니다. 각자가 정한 눈높이에 따라 적정한 수준으로 절제를 하면됩니다. 인간의 유전자내 간사하고 비윤리적인 생존본능은 지속적으로 발현되므로 주변의 다양한 지식을 자신에게 유리하게 변형시킴으로써 실질적인 윤리와 정직함을 배척하고 대입하며 즐기기까지 하도록 끊임없이 유혹합니다. 절제력을 윤리적으로 금욕이나 자학하는 수준으로 지나치게 몰고가면 자신뿐만 아니라 주변인들에게 악영향을 끼칩니다. 그래서 절제도 절제해야 한다는 것입니다. 즉, 적절하게 좋은 태도를 행하며 사는것이 절제의 핵심 입니다.

인간은 어리석은 감정으로 인해 다양한 사고를 일으키므로 냉철한 이성으로 단련된 힘이 감정과 잘 어우러지게하는 절제력을 발휘하기 위해서는 사회적으로 경험하며 느끼는 다양하게 왜곡된 감정들에 속지 말아야 합니다. 이것이 곧 자신의 책임이며 그로인해 죄책감을 받게되는 과정을 정상적으로 받아들이면 안된다는 것입니다. 이런 것들에 대해서는 사유하고 스스로 삶에 대한 기준을 수립하는 것이 절제라는 것과 제대로 이어지는 길이 됩니다.

이렇게 절제에 대한 기준이 수립되면 비로소 자신의 진정한 삶이 시작되며 그 때부터는 어떠한 삶에 가치를 두고 집중해야 하며 어떠한 삶은 놔주고 버려야 하는지 즉각적으로 판단하고 반응하며 지낼 수 있습니다.

인간의 윤리란 감정적으로 와닿고 느낄 수가 있어야 하고 이러한 윤리를 느꼈다면 자신이 실행하게 됨으로써 그 윤리라는 것을 완성할 수 있습니다. 이럴 때 비겁한 다수의 추종자들은 절제라는 단어를 사용하며 미꾸라지처럼 말로만 윤리를 토해내고 그 자리를 빠져나갑니다. 이러한 자들이 다수가 되어있는 인간 세상에서 제대로 윤리와 절제를 조화롭게 균형 잡고 살아가기란 여간 높은 수준의 지력이 아니고서는 어렵습니다. 윤리적으로 행동까지 할 수 있는 절제력을 갖추려면 평소에 감정을 건강하게 잘 다루고 배양해둬야만 합니다.

터무니없이 예민하기만 한 감수성은 인식자체를 흐리게하는 요인이 되므로 예민한 감수성에 이성적 절제의 품성이 함께여야 합니다.

OHW : 지나친 절제를 절제하는 균형감을 키우는 이성적 노력

13. 디케·다윈·팰런·파인만·비트겐슈타인

디케 DIKE (정의의 여신)는 오른손에 저울을 들고 왼손에는 검을 쥡니다. 그리고 양 눈은 천으로 앞을 못보게 가렸습니다. 왜 이러한 모습으로 정의를 가려내는 심판을 하는 것일까요? 일체의 외력을 멀리하고 오로지 진실을 향해서만 다루고 판단하기위해서 정의의 여신조차 자기 눈을 못믿었다면 애초부터 정의가 세상에 있기는 한것일까요?

아직도 미지의 세계로 가득한 우주에 대한 지평을 넓혀준 것은 평소 안보던 반대편을 보던 허블이었고 새로운 은하계를 찾아냅니다. 아무도 본적없다고 실체가 없다는 것은 아니라는 질문을 남기는 순간이었습니다. 불안정하고 미숙한 존재인 인간은 좋은 실수를 하기위해서 실수를 숨기지 말아야하고 특히, 자기 자신도 속이지 말아야 합니다. 인간은 자기 자신조차 속이고 싶을때가 자주 있으므로 자신이 저지른 실수를 있는 그대로 기록하며 제대로 저질러야 실수를 토대로 도약을 이뤄낼수 있습니다.

우리는 도대체 무엇인가?라는 질문을 하며 증명하는 책을 쓴 다윈은 다이아수저 였습니다. 그의 어머니가 웨지우드 도자기 가문이었으니 평생 그는 직업걱정은 없었을 것입니다. 다윈은 의사공부를 그만두고 신학학위를 받았을때 비글호를 타게 되는데 해군 미션을 받고 남미측량을 떠나게 됩니다. 비글호에서 돌아온 다윈은 25년이 지난후에야 겨우 발간합니다. 신과 종교에 대한 반역과도 같은 진화론적 주장으로 가득찬 책을 출판하기 어려웠을 것입니다.

비둘기 교배 잡종의 변천을 한참동안 서술한뒤 자연스럽게 '하물며'라는 접속사를 사용합니다. 이처럼 우리 인간은 '비둘기들도 그러한데. 하물며' 자연은 수많은 경쟁을 통해서 자연은 그 순간 환경에 적합한 것을 선택해 왔다며 증거를 보여주었고 모든 예상되는 질문에 답을 하는 책을 썼습니다. 물론 종교계는 발끈했지만 당대 과학자들은 다윈의 논리와 주장, 근거까지 인정했습니다.

신의 창조론과 정면 충돌하는 진화론은 유일신을 찬양하고 모시는 인간을 능멸하는 것이었습니다. 한편 진화론은 다윈의 의도와 달리 식민제국주의 팽창을 이뤄가는 백인들에 의해 자연 선택 이론을 거꾸로 해석해서 살아남는 것이 웬지 강한것이라고 하며 '우월한 백인들은 생존 가치가 있고 유색인종은 지배받아야 한다'는 가치관으로 아시아, 아프리카에서 식민지배의 우성학 이론으로 악용됩니다.

진화론 초판본에서는 '진화'라는 단어자체를 쓰지 않았고 '수정을 통한 나아짐'이란 문장을 사용했습니다. 후에 사용되는 진화라는 개념도 나아진다는 진보라는 개념은 아닙니다. DNA에 있는 정보로 규정되는 종. 서로 번식이 되면 종인데 종은 짝짓기로 정의되어있는 것이고 다른종과는 DNA가 조금 다르다는 것이며 사실상 진화에는 이유가 없습니다. 매번 무작위적으로 변화가 일어나고 자연 선택되는데 무작위라는 규칙만 있다는게 자연선택 입니다. 그때 그때 상황에 맞는것만 자연에 의해서 선택되는 것.

자연 선택된 인간 본성인 공감능력은 학습을 통해 얻어질 수 있을까요? 인지적 공감과 감정적 공감중에서 감정적 공감은 학습에 의해서 이룰 수 없다는 것입니다. 슬픔에 대해 느끼는 순간 감정적으로 울컥하는 공감에 대해서 너무 놀라운 현실적 고백을 한 용기있는 학자 '제임스 팰런'으로인해 감정적 공감을 싸이코패스는 할 수 없다는 점이 확실해 졌습니다. 그를 통해서 알 수 있는 것은 그는 친사회적 싸이코패스이고 운 좋은 싸이코패스이며 인구의 2% 정도는 반사회적 싸이코가 늘 존재하고 있다는 것입니다. 남자 3%, 여자 1% 어느 인종이든 어느 지역이든 유전자 풀중에서 싸이코패스가 2% 존재합니다. 그들의 차가운 이성, 냉철한 판단, 전쟁에서 거리낌 없이 총을 쏘며 어려운 시기에는 거짓말로도 뭔가를 선동하면서 인간들의 집단내에 공고하게 2%가 살아남을 수 있었던 것입니다. 오히려 이들 싸이코패스들이 인류의 어려움을 뚫고나와서 끌고가며 리딩한 무리일 수도 있습니다. 이처럼 사회환경적 요인에서 싸이코들이 대다수 평범한 인간집단을 리드하는 부문도 있다는 뜻입니다.

싸이코패스라고 할지라도 적절한 사회화를 거치면 인류에게 기여하는 점이 있으며 인간이하로 폄하하거나 괴물이라고 불렀던 싸이코패스를 인류안으로 편입시키면서 이해해 온 인류의 역사는 그래서 위대한것 인지도 모릅니다.

리처드 파인만은 냉철한 이성으로 세상 모든것은 원자로 이루어져 있다고 하며 물리학자다운 발언을 합니다. 그러한 그도 말년에는 사랑보다 더 위대한 것은 없다라고 시인하며 원소라는 비가역적 요인을 더이상 설명하지 않았습니다. 그리고 비트겐슈타인은 이 세상에는 말할 수 있는 것과 말할 수 없는것이 있다고 했었죠.

말할 수 있는것에 대해 말하는 것이 과학자이며 물리학자라고 한다면 인간에 대해 더 존엄하고 지고한 가치는 말할 수 없는 것에 대해서 말할 수 있는 탐구를 해야 한다는 것입니다.

OHW : 철학적 가치를 상실한 문명에서 가장 무서운 것은 인간입니다.

14. 자아를 속이는 자아

오랜 인류사를 들여다보면 결속과 안녕의 이름하에 상호 속박하면서 자아를 겁먹게 만들며 자유를 찾는 것이 아니라 자유로부터 도피하는 특이한 구조를 만드는 습성을 나타냅니다. 타인으로부터 끊임 없는 제약을 받게되는 인간은 자신이 선택한 것에 대해서는 만족을 강제화하며 제약에 대해서는 문제 삼지 않습니다.

가끔 본인이 싫어하는 것을 먹게하거나 입게 하는 가족에게 우리는 별 저항없이 따르는건 천부적인 선택으로 결합된 가족으로부터 느끼는 행복감 속에 있기 때문이고 직장 상사로부터 듣는 스트레스성 행위들 마저도 견디게 하는 것은 자신이 선택한 직장이므로 자신만을 위하는 비전이 그 뒤에 서려있다고 강제로 믿기 때문입니다. 정부가 별의별 정책적 비효율을 일으켜도 문제삼지 않는것 또한 자신이 투표때 찍어서 선택했기 때문입니다. 이렇듯 인간은 자신이 선택한 결정에 대해서는 문제삼지 않고 저항없이 받아들이거나 대부분의 부조리마저 함께 수용한다는 것은 실제 일어나고있는 현상입니다.

그러나, 이러한 부조리를 깨우치려는 자아 성찰 능력은 아무에게나 생기지 않습니다. 배움이 많은 사람도 잘못된 신념으로 길들여지며 성장하게되면 자아를 제약하는 조건들로부터 진정한 자유를 찾아 나서지 못합니다. 그들은 오히려 자신의 자유를 속박하는 많은 것들에게 스스로 다가가는 어리석음을 자행합니다.

어리석은 대다수의 무리로부터 전승되며 형성된 관습이라는 고착 문화속에자아를 굴복시키며 순응이라는 단어로 정당화 하므로 그래서 자유의 진정한 의미를 체득화하며 실행까지 하는것이 어려운 것입니다.

OHW : 본인이 선택한 결정에 대해서는 관대해지는 인간의 오류

15. 예루살렘의 아이히만

악의 평범성에 대한 보고서라는 부제의 문제작입니다.
한나 아렌트의 이 책을 통해 '사유하지 않는 절대악만큼 사유하는 절대악도 해롭다'는 것을 충분하게 느낄 수 있습니다.

나치는 아우슈비츠 수용소에서만 유대인과 폴란드 공산주의자 110만 명을 독가스로 살해했으며 유럽 전역에서 유대인 총 6백만 명을 계획적으로 살해합니다. 이는, 부산과 인천 인구 전체를 한꺼번에 살해한 것과 같습니다.

아우슈비츠의 창고에서 사람 머리카락 7톤이 발견되었는데 독일 나치가 죽인 사람들의 머리카락으로써 이걸로 그들은 담요를 만들었다고 합니다. 이런 미친 악마같은 행위는 영하의 추위속에 일부러 나이어린 수감자를 동상 걸리게 만들거나 남녀의 성기를 절단하며 끔찍한 생체 실험까지 했습니다.

독일 태생 유대인이었던 정치철학자 한나 아렌트는 [뉴요커] 지의 특별취재원 자격으로 예루살렘으로 넘어가서 아우슈비츠 수용소의 학살 책임자인 루돌프 아이히만이 재판받는 과정을 참관하게 되는데 이때의 경험을 바탕으로 그녀는 1963년 [예루살렘의 아이히만]을 출판 했습니다.

약 7개월간의 법정 심리가 끝난뒤 교수대를 향해 아주 근엄한 태도로 걸어간 아이히만은 적포도주 한병을 요구했고 반병을 마십니다. 그에게 성서를 읽어주겠다고 제안한 개신교 목사의 제안은 거부합니다. 그는 두 시간밖에 더 살 수가 없기에 낭비할 시간이 없다고 하며 그는 완전하게 자기 자신을 통제하고 있었습니다. 그는 사형당하기 직전 의기양양하게 기괴한 말을 남겼습니다.

'잠시후면 여러분 우리 모두 다시 만날 것입니다. 이것이 모든 사람의 운명입니다. 독일 만세. 아르헨티나 만세. 오스트리아 만세. 나는 이들을 잊지 않을 것입니다'라고 말했습니다.

재판 과정을 지켜본 한나 아렌트는 다음과 같은 결론을 내립니다.
우리는 실로 두려운 교훈을 하나 얻었는데 '말과 사고를 허용하지 않는 악의 평범성'을 이것이 두려운 이유는 '인류에 대한 범죄'이자 전례없이 가공할만한 '절대악'이 놀랍게도 '평범함' 속에 서식하기 때문입니다.

'절대악'은 뿔난 괴물이나 싸이코페스, 소시오패스, 특별한 악마가 저지르는 것이 아니라는 것입니다. 인간 살육을 저지르는 사람은 근면하고 성실하며 삶의 의지가 충만한 평범한 인간들. 즉, 선량한 시민들이 저지르는 것이라는 사실.

그리고 거기에는 선과 악에 대해 고민하지 않는 순전한 무사유가 또아리를 틀고 있다는 것. 한나 아렌트의 주장에 따르면 인간속에 존재하는 모든 악을 합친것보다 이러한 무사유가 더 많은 파멸을 가져온다고 주장합니다.

이것이 사실상 예루살렘의 전범 재판 과정에서 아돌프 아이히만을 보며 느끼고 배운 것이라는 주장입니다. 아돌프 아이히만은 세계 2차대전 당시 독일의 유대인 대학살 주범으로써 실무책임자 였습니다.
그는 유럽 각지에 흩어져있던 유대인들을 강제 이주시키며 대학살을 기획했으며 총 6백만 명을 학살합니다. 이런 전대미문의 학살은 별도 정의를 내릴 필요조차 없고 이유를 찾기이전에 이렇게 유대인이라는 민족을 계획적으로 절멸시키려고 했다는 점에서 인류에 대한 범죄이므로 국제법으로도 단죄나 용서조차 되지않는 '절대악'이라고 부르는 것입니다.

어떻게 이런 절대악이 자행될 수 있었단 말인가?
나치 친위대원이 유대인을 학살한후 상부에 보낸 보고서 문장입니다.
'수천명의 유대인이 가득 들어가있는 구덩이를 향해 기관총으로 난사하고 아직도 경련을 일으키고있는 몸뚱이들 위로 흙을 덮는것은 그리 보기 좋은 모습은 아니었다' 무척 담담해보이며 푸념까지 하는 모습입니다. 그러나 독일인들만 유대인을 학살한게 아닙니다.

루마니아인들은 독일의 명령없이 자발적으로 유대인 30만명을 학살했는데 그 잔인함은 독일도 울고 갈 지경이었습니다. 옷을 발가벗긴 유대인들을 트럭과 열차에 가득 밀어넣은체 몇 일동안 계속 교외를 달렸는데 그렇게 전원 질식사 시킨 후 파놓은 구덩이속으로 시신들을 던져 넣었습니다. 이런걸 볼때 악은 과연 사유하지 않는 평범한 시민들이 저지르는 것인가? 이러한 학살의 증언과 증거에서 한나 아렌트의 악의 평범성에서 내놓은 결론은 전적으로 받아들이기 힘듭니다. 왜 그런가? 적지않은 사람들이 사유하지 않고 평범한 마음으로 저런 학살을 자행하기에는 쉽지 않기 때문이고 인간의 본성이 완전하게 악하지는 않기 때문에 인간들은 사유를 동원해서 깊게 사유하지 않으면 저렇게 평범함이라는 가면을 쓸 수가 없기 때문입니다.

그렇다면 이런 부류의 인간들은 무엇을 사유했다는 것인가?

첫째, 외면하면 된다고 생각했고 얼굴을 돌림으로써 인종 학살을 잊을 수 있다고 생각하며 방조했습니다.

둘째, 보상이 이루어지면 악행도 어느정도 저지를만 하다는 생각을 했습니다. 히틀러는 당시 독일인들에게 완전고용을 보장했으며 빵과 수프를 부족함없이 제공해주었기에 악행을 지지받게됩니다.

셋째, 적지않은 독일인들은 순전한 무사유가 아니라 '깊은 사유 과정'을 통해서 적극적으로 악행에 동조했습니다.
즉, 평범한 사람들의 깊은 사유가 또 다른 원동력 이었다는 것.
한나 아렌트가 주장하는 악의 평범성에 대해 반대하지는 않지만 악의 평범성에서 보이는 주장에 하나를 더하면 절대악은 사유 한다는 것입니다. 절대악이 평범한 인간들의 무사유에서만 나온다는 것은 동의하기 어렵습니다.

OHW : 사유와 무사유가 그리도 중요하다면 수 천 년동안 반복되는 인간계의 학살과 착취를 도대체 무엇으로 언제쯤 바로잡을 수 있는가 말이다.

16. 바보의 세계

인신매매는 패륜 범죄 행위로써 인간을 돈으로 매매 거래하는 일체의 행태이며 세계적으로 금지되어 있습니다만 실제 우리 삶의 주변을 둘러보면 인신매매가 성행하는 중입니다. 다들 알고 있으면서도 그건 경우가 다르지라고 하며? 외면하고 방조하는 탓에 문제를 제기하는 것조차 힘을 잃어버린 희한한 나라에 살고 있습니다. 국제 입양을 살펴보면 한국 인구가 급감하면서 멸종 위기론까지 내세우는 판국인데도 왜 해외입양을 보내고 있죠? 타민족 이민을 받아들여야한다는 시대적 상황인데 누구라도 생각이 있으면 알 수 있는 모순이죠. 그런데도 문제제기를 그 어디에서도 하지않습니다. 지금 외국인이라도 받아들여야 한다고(이민 수용) 주장하는 판국인데 왜 이럴까요?

허울 좋은 해외입양이라는 것의 이면은 실제 이권이 걸린 엄연한 사업이라는 건데요. 정말 복지와 인권을 존중한다면 인구가 부족한 우리나라에서 아이들을 해외로 보낼 이유가 전혀 존재하지 않습니다. 해외 입양아 인당 받는 큰 돈은 입양기관들에게 과연 어떤 의미일까요? 정부는 뭘하는 존재인가요? 더 웃기는 것은 아이를 구입?(사들이는) 유럽쪽은 아무리 위법이라도 처벌을 받지 않는 다는 것입니다. 왜 국가가 아직도 아이들을 돈으로 매매거래하는 이런 해외입양에 대해 무책임하게 방조하는지 그 이유를 묻는 것 입니다.

그 다음은 국제결혼을 빙자한 인신매매입니다. 유달리 한국이 심각합니다.

특히, 남성들이 결혼 적령기를 지나 자력으로 혼인 대상을 찾지 못하면 외국에 가서(주로 동남아 국가) 돈을 지불하고 사람을 사오는 형태로 결혼합니다. 그것도 단 하루 이틀만에 선을 보고 돈을 지불하면서 한국으로 데려와 결혼합니다. 이게 무슨 해괴한 경우인가요? 이런 인신매매 행태를 휴머니즘 다큐멘터리로 제작해서 방송하는 공영방송이나 케이블 방송은 인신매매 장려 방송국 인가요?

말도 안통하는 외국 여인들에게 돈을 지불하며 매매혼을 하는 모습을 촬영하여 보여주고 시청율을 올리는 광경에 인간으로써 진저리가 납니다. 베트남과 필리핀의 가난한 층위에 있는 여인들을 줄 세워놓고 면접하듯 본 후 첫인상이 마음에 들면 몇 번 대화하며 식사하고 그 다음? 결혼하는 조건으로 적지않은 돈을 주면서 결국 그 여성을 한국으로 데려옵니다.

여성을 매입한 남성은 실제 한국으로 신부가 넘어오기 전까지 자기 돈이 사기 당할까봐 전전긍긍하며 한국에 데려와서도 도망갈까봐 스트레스를 받는 모습에 대해서도 버젓하게 부끄러움이나 수치심 하나없이 방송하는걸 통해 정말 못된 인간들과 못난 인간들이 많이사는 한국이라는 생각이 듭니다.

지구상 어느나라에서 우리처럼 대놓고 해외에서 돈주고 신부를 사서 데려오고 그 신부가 도망갈까봐 감시하며 끙끙대는 나라가 있습니까? 왜 굳이 기를 쓰면서 그 늦은 나이에 해외에서 말도 안통하는 딸같은 여성을 돈으로 사오는 것이며 방송으로 장려하듯 내보내는 언론, 방송이 정상이냐고 묻는겁니다.

17. 변방의 개소리

변방에서는 종일 개가 짖는다
오고가는 사람 몇 안되는 터라
그 발자국 소리마저 알고 있을 터
만만한 이의 발자국 소리에는
거세게 짖으며 개같은 용맹을 드러내고
무서운 이의 발자국 소리에는
소리 내지않고 꼬리를 돌돌 말고서
개같이 머리를 쳐박는다

오늘도 개가 짖고 있다

18. 마음에 눈 내릴때

10월부터 시작되는 이른 크리스마스는
3월까지 희미하고 따스한 노란 불빛되어 내린다
나무향 책은 노래하다 잠들고 겨울 눈은 사그락 거린다
니르테카의 마음으로 어둠 옆을 달리는 지상철
눈을 맞으며 나는 서있다

19. 반짝이는 빛

길목마다 뛰고 떠들며 부르던
아이의 노래 소리는 작지만 반짝이는 빛 이었다.

서늘한 탐욕으로 그 작은 빛마저 막아선 나와 너 그리고 선조로인해
아무도 본적없는 어둠을 맞이하며 더이상 후렴구를 들을수 없다.

노래소리 사라진뒤 찾아온 추위는 회색 얼음빛으로 변해간다.
빛과 어둠이 함께 사라지는 이렇게 공허한 날을
정녕 나와 너 그리고 선조들이 원한것이냐.

OHW : 청년들이 행복하지 않은데 아이를 낳을수 있는가요?
　　　기본적인 행복을 누릴수 있어야 결혼하고 출산도 할수있겠죠.
　　　탐욕과 빚으로 쌓아올린 부동산 가격속에서는
　　　청년들이 삶을 온전하게 살아갈수 없습니다.

20. 기꺼이 마음 쓰는 일

인간은 상상을 넘어서는 이기적인 동물이지만 인간은 '무엇인가에 기꺼이 마음 쓰는 일'을 할수도 있습니다. 자기계발에 쓰는 말들중 위험한 것은 성공에 대한 정의인데 원하는 것을 언제든 원하는 장소에서 원하는 사람과 원없이 원하는 만큼 하는것이라는 극단적인 개념을 씌웁니다. 인간은 모든 것을 원해서는 안됩니다! 만약 성공의 형태가 원하는 걸 언제든 원하는 만큼 할수있다고 믿는다면 당신이 원하는 것이 선하지 않는 것이라면 어떻게 되는 것인가요?

해리 프랭크퍼트의 철학 에세이 '개소리에 대하여'는 '우리가 무엇에 마음쓰는가'의 중요성에 대해논합니다. 그는 실존적 의미에 대해서 '무엇에 마음을 써야하는가?'라는 질문으로 윤리와 직결시킵니다. 사람마다 무엇(그 일)이든 자신의 시간과 노력을 쏟는 것이 무척 의미가 있을 것이고 마음을 쓰게되면 그것에 대해 동질감마저 느끼게되고 마음 쓰는 그것에 무슨일 생기면 이를테면 키우던 장미가 시들어 죽는다면 우리 삶은 상처받습니다. 프랭크퍼트는 우리가 이처럼 무언가에 마음 쓰는 일이 무언가를 욕망하고 욕심부리는 일과는 다르다고 말합니다.

우리는 무언가를 강렬하게 욕망하다가도 잠시뒤엔 식어버리거나 곧장 잊어버리기도 하죠. 그러나 무언가에 마음 쓰는 일은 그럴 수 없습니다. 마음을 쓰는 일에는 오랜 시간이 필요하고 그 일은 우리가 살아가는 방식으로 일부가 됩니다.

키에르케고르는 무언가에 마음을 쓰는 일은 마음이 순결해야 할 수 있는 일이라고 했습니다. 실망이나 슬픔을 겪을 위험을 무릅쓰면서 무언가에 마음을 쓰는 일.

프랭크퍼트는 또 이렇게도 말합니다. 우리는 이성과 사랑의 힘으로 '우리 자신에게서 탈출'할 때 비로소 최선의 인간이 될 수 있다. 주관성과 자기중심성의 감옥에서 벗어나게하는 유일한 이성을 발휘할 때 개인적인 동시에 마음이 열린다는 것을. 그 무언가가 이익이나 보답을 얻기 위해서가 아니라 우리가 마음 쓰는 것. 그 자체로 가치있기에 무언가에 마음쓰는 일의 가치를 본인이 온전하게 받아들일 때 기쁨이 되며 곧 성공입니다.

OHW : 자기주관을 벗어나는 이성의 힘이 발휘될 때 비로소 개인이 완성되며 가치있게 살아갈 수 있다는

21. 욕구와 비례하는 거짓

거짓이 고착화된 사회 속에서 우리는 자연스럽게 살아가는 중이라고 말해주면 정색하며 본인은 바르고 선하다고하며 거짓(위선)에 대해서 일체 부인합니다. 너나할 것 없이 허언 증세를 가진 사람들의 블러핑이 쌓여서 집단적인 믿음의 효과를 나타내고 있습니다.

이렇게 스스로 자신마저 속이는 천재적인 한국인들의 주류 광기는 국가전체의 버블을 형성하게되었고 사회경쟁에서 뒤쳐지는 대부분의 베타들은 고통스러운 일상임에도 전혀 내색하지않고 진한 화장을 하듯 가면을 겹겹이 쓰며 SNS 세계에서 극단적으로 외형에 치우칩니다.

정의와 공정이라는 믿음에대한 지적 사유가 중요하지만 현실은 그 반대이죠. 한번 손에 쥔 기득권은 스스로 절대 놓지않는 집요한 기득권 세력들의 불법은 춤을 추며 기승을 부리고있고 법은 그들에대해 관대함을 넘어 동조하고 숭배하며 일반 시민들을 향해서는 여지없이 난폭하게 내달리는 선택적인 법 집행 사례는 예를 들지 않아도 될 정도입니다.

이러한 사회환경에서는 믿음이란 다른 사람이 믿기 때문에 내가 믿는다는 주체성이 결여된 무지성적 사고관으로 가득차게되며 그들의 믿음은 상대방의 직책과 권력에 근거하며 기생하고 동조하며 떠돌아 다닙니다. 마치 지성과 이성이 마비되어 좀비처럼 흐느적 거리며 움직이는 사회. 소위 사회 리더를 자처하는 전문가 그룹(정치, 경제, 언론, 교육, 전문직)들 조차 후광을 선호하며 권력에 기웃대고 사회 부조리에 눈감고 손잡는 행태는 시민들에게 부당한 정책들을 그들만의 나눠먹기식 행위로 은폐하였고 그로인해 비전없이 역행하는 사회적 위기를 자초 했습니다.

우리의 지성은 생각에 근거하는 것입니다.
전문가 없는 민주주의는 재앙으로 치달을 수 밖에 없다! 전문가가 없다면 각종 '선동과 사이비 믿음이 판을 쳐도 구분 안되기 때문이다'라고 노벨상 수상자 장 티롤은 지적했습니다만 한국은 오히려 전문가들이 시민들에게 알려야 하는 공적 의무조차 외면하고 그들만의 비밀을 만들어 이익을 공유하며 누구나 말할 수 있는 애매모호함을 널어놓으면서 시간이 흐를수록 사회적 혼란과 경제적 불평등을 가속화시키고 있는데도 정작 자신들의 사유와 행동은 전혀 문제 없다며 늘 국민탓을 합니다. 철판처럼 낯짝을 두껍게 하고 세속의 명예와 알량한 권력을 위해 몸부림치는 하찮은 그들의 탐욕스러운 모습에 혀를 내두릅니다.

이러한 가짜 약장수가 정치를 하고 국가 정부를 대변하여 나팔을 불고 꽹과리를 치니까 국민들의 정신이 혼미해 지는 것입니다. 그것조차 여의치 않으면 정치인들은 막말과 온갖 기행적 추태를 연출하면서 의도적으로 국민들을 진저리나게 해서 정치로부터 점점 더 멀어지게 만들죠.(국민들이 정치에 무관심 해야 마음대로 사욕을 채울 수 있으니까요)

정치꾼과 그들을 대변하며 기생하는 언론 그리고 더럽고 아니꼬와도 정치와 언론을 앞뒤로 안아야 살아갈 수 있는 경제계의 트라이앵글 구조는 썩은내 진동하는 조합이 된 오래입니다. 오랫동안 편향된 언론에게 노출된 국민들은 어이없는 이야기임에도 전혀 비판의식이나 지적인 사유를 하지않는 얼간이들처럼 행동합니다. 그들이 정치와 언론을 비판의식없이 잘 믿고 잘 속으며 잘 따르는 정신을 자랑으로 여기며 살게하고 있습니다. 다음에도 또 그들의 속임수에 넘어갈 준비를 미리 하고있다는 것에 대해서 정치와 언론, 경제계의 커넥션 그룹은 내부자 영화처럼 국민들을 개돼지 취급하며 오늘도 만족해하고 있습니다.

이성이 작동하는 사회라면 이렇게 진실이 감춰지거나 늦게 작동되지는 않습니다. 지금 우리 사회는 무지성과 반지성이 뒤섞인체 자기 결핍을 충족시키기 위한 허세와 이기적 욕망을 채우려는 세태 속에서 버둥거리며 살고있고 그 욕망의 크기가 커질수록 거짓의 빈도와 범위는 더 증가하기 마련입니다.

OHW : 우리는 거짓을 공기처럼 마시고 사는 중입니다.

22. 뭐지? 자주 불안한 이유

결론부터 말하자면 '세로토닌 트랜스포터' 때문입니다.

우리 몸의 신경세포에서 분비되는 세로토닌은 다음 신경세포의 수용체와 결합해서 신호를 전달합니다. 신경세포에서 분비된 세로토닌 중에는 다 사용하지 못하고 남는게 있고 이렇게 남는 세로토닌을 재사용하려는 단백질이 있는데 이것을 '세로토닌 트랜스포터'라고 부르는데 그 량(양)은 유전적(선천적)으로 결정되므로 사람마다 차이가 생깁니다.

또한 세로토닌 트랜스포터의 양은 세로토닌 작용에 직접 영향을 미치므로 사람의 생각까지도 차이가 나게 만듭니다. 세로토닌 트랜스포터가 많은 사람은 세로토닌도 많이 활용할 수 있기 때문에 약간의 위험은 개의치 않고 감수하거나 낙관적이고 대담한 판단을 할수있습니다. 그 반대로 세로토닌 트렌스포터가 적은 사람은 쉽게 불안에 빠지고 위험이 가져올 결과를 다양하게 예상하기 때문에 신중해집니다. 그래서 위험한 행동이나 위험해 보이는 사람과는 거리를 둡니다.

유전자에는 세로토닌 트렌스포터를 많이 만들어내는 L형 유전자와 적게 만들어내는 S형 유전자가 있고 인간의 유전자는 두 셋트이기 때문에 세로토닌 트렌스포터의 유형은 LL형, SL형, SS형의 세 종류로 존재합니다.

세계 29개국을 상대로 '세로토닌 트랜스포터' 유전자를 조사한 결과
S형 유전자 비율 : 일본 81%. 미국 43%이며 일본이 전세계에서 S형 유전자 비율이 가장 높다고 나왔습니다. 이 조사결과를 바탕으로 하면 일본인들은 미리 위험을 예상하고 회피하려는 신중한 사람. 조심성이 많은 사람. 그리고 주변의 분위기에 맞춰 행동하려는 눈치 빠른(눈치 보는) 사람이 많다고 볼수있습니다.

조심성이 많고 위험 부담을 염려하는 사람이 많다는 것은 결국 그 사회의 배신자 색출 모드 강도가 높고 사람을 판단하는 기준도 엄격하다는 것을 의미하며 정도가 지나치면 무임승차하지 않은 사람까지도 배제하는 결과로 이어질 수 있습니다.

인간의 생존전략은 환경에 따라서 달라지게되며 그 환경에 적응하면서 인간의 유전자는 변화합니다. 진화과정에서는 '수리 사회학'적으로 인간의 유전자가 확대되는 속도(적응도)는 보통 한세대에 1%가 변화한다고 가정합니다.

이를 적용해보면 일본과 미국의 S형 유전자 격차 40%는 40세대의 격차이지만 최소 세대 수로 바꾸면 20세대 정도의 격차로써 한 세대를 20년으로 잡으면 400년이라는 계산이 나오게 되는데 그렇다면 400년 전 일본은 어땠을까요?
에도시대 초기로써 막부시대의 도쿠가와 이에야스가 사망한 해부터는 전쟁이 끊이질 않았던 전국시대가 종식되면서 에도시대는 안정을 되찾았고 외적의 침입에 대한 걱정도 없어서 순응주의가 촉진됩니다.

그리고 에도시대에는 후지산 대분화(폭발) 사건이 있었고 일본 열도 각지에서 대지진이 연쇄적으로 발생하면서 혼자서는 감당이 불가한 자연대재해 때문에 집단으로 행동하고 협력해야 했습니다.

또한, 에도시대에는 쌀이 통화였고 공물로 바쳐야 했으므로 노동집약적 산업인 논농사에 종사하는 사람들이 늘어났고 절기에 맞게 협력하면서 일해야하는 작업량도 늘어났습니다. 이런 환경을 가진 시대에서는 다같이 하는 일에 참여하지 않고 다른 사람들이 힘들여서 만든 결과물을 거저 먹으려는 사람은 집단에서 볼 때 눈엣가시였을 겁니다. 그래서 당시의 일본은 모두와 잘 어울리고 협력하는 사람. 위험 부담에 신중한 사람. 배신자가 있으면 잘 규탄하는 사람이 살기 쉬운 나라였습니다.

이러한 농경주심의 에도시대가 오래 지속되는 동안 S형 유전자는 가속화되며 커진것입니다. 예상했다시피 한국의 S형 유전자 비율도 만만치가 않습니다. 일본 다음으로 전세계 2위이지만 80% 수준으로 사실상 일본과 거의 동률입니다.

유전적으로 동북아 사람들은 세로토닌 트렌스포터중 S형 유전자가 많습니다. '5-HTTLPR'세로토닌 트렌스포터는 놀랍게도 생물학적 요인이 되어서 개인주의 와 집단주의에 영향을 미칩니다.

S형 유전자가 많은 나라일수록 우울감을 잘 느끼며 우울감을 잘 느끼는 사람들일수록 같이 모여 정을 나누고 무리지어 있거나 노는 것을 좋아해서 집단주의 문화가 발달하게 됩니다. 슬픈 현실이지만 실제로 동아시아 쪽 사람들은

우울증 발병률이 높으며 집단주의 문화가 매우 강합니다. 공동체를 중시하고 집단주의가 강한 나라는 공통적으로 S형 유전자가 높습니다.
이제 우리 조상들의 이러한 유전자도 점점 더 변화해 가는 과정 중 이겠죠?

본인 혼자라도 자긍심 세고 평화롭고 행복을 잘 느낀다면 L형 유전자가 높다는 것이므로 동아시아계에서는 보기드물게 유전자 복을 받았다고 보면 됩니다만 혼자서도 잘 놀고 즐겁게 지내거나 행복해하는 사람은 드물죠?

OHW : 혼자서도 안정적이며 행복하게 지낼 수 있는 시간이 많은가요? 아니면 늘 누군가와 무리를 지어야만 안정과 행복을 느끼나요?

23. 샤덴 프로이데

인간 심리중 질투는 원천적으로 막을 수 없음을 알아야 합니다.
질투는 인간이라면 누구나 가질 수 밖에 없는 원초적 심리이므로 질투라는 감정을 학습과 노력으로 완벽하게 없앨수는 없지만 본인이 통제 가능하도록 계속 연습을 해야합니다.

질투를 일으키는 기준 두 가지는 '유사성'과 '획득 가능성'입니다.

'유사성'은 성별, 직업, 재력, 학력, 인물, 체력, 기호, 취미 등이 비슷한 정도이며 자신과 비슷한 처지의 사람이 자신은 가지기 힘든 물건을 가졌다거나 자신보다 나아보이는 것을 이루었을때 더 강한 시샘을 보입니다.
즉, 유사성이 크다고 느낄수록 질투는 강해집니다.

'획득 가능성'이란 상대방이 가진 것을 자신도 가질 수 있는것인지 아닌지에 대한 가능성을 말합니다. 자신과 비슷한 처지의 사람이 자신은 도저히 손에 넣기 힘든 수준으로 포지션이 치솟듯 올라가게되면 강한 질투심을 느낍니다.

그러나 이내 자신과 상대방이 확연한 차이가 존재함을 인식하게되면 곧바로 질투심이 약화됩니다. 예를 들면 MS창업자 빌게이츠와 자신을 비교하며 질투하지는 않는것인데 부와 권력이 비교할수없는 수준까지 벌어진 상대와는 '유사성'과 '획득 가능성'이 낮기 때문에 심리적 질투의 대상이 되기 힘듭니다.
하지만, 사회는 도토리 키처럼 고만고만한 성인들끼리 모여서 사회생활을 하는 공간이기 때문에 유사성과 획득 가능성이 높습니다. 그 사이에서는 자연스럽게 질투의 대상과 빈도도 쉬지않고 늘어납니다. 조금 더 스마트하거나 역량이 우수해도 질투의 대상이 되며 이런 사람들은 실수를 저지르지 않아도 집단 괴롭힘의 피해자가 될 수 있습니다. 이들의 작은 실수에도 주변에서 크게 반응하는 것은 평소 느끼던 질투심의 폭발로인해 필요이상 비난하는 것입니다.

인간은 질투대상이 불행해지면 뇌안에서 쾌감을 관장하는 '선조체'가 활발해져서 기쁨을 느낍니다. 이러한 현상적 느낌은 '타인의 불행이 나의 행복'이라는 심리인 '샤덴프로이데 Schadenfreude'라는 것입니다.

하지만 질투 대산은 파워디스턴스가 좁을수록 유동적이면서 반복되며 강화됩니다.
질투받는 사람이 질투를 하게되거나 괴롭힘을 당하는 사람이 괴롭히는 입장이 되면 본인이 당했던 경험을 토대로 더 잔인하게 상대방을 질투하거나 괴롭히게 된다는 것을 인식해야 합니다.

OHW : 도토리들끼리 니가 크네 내가 크네 하며 키재기 하는 세상입니다. 사람 입장에서 보면 도토리들 모두 비슷하고 별차이 없는데도. 도토리들끼리는 그 한끗 미세한 키 차이에 인생을 걸고 있죠.

24. 나쁜 말, 침묵은 금

인간 사회 집단내 부당한 상황이나 괴롭힘같은 경우가 발생하는 것을 차분하게 관찰해보면 가해자만 문제가 아니라 주변의 많은 사람들이 뻔히 보고있어도 아무도 부당함에 대해 말하지않고 외면합니다. 수많은 방관자들 중 단 한명이라도 빨리 신고를 한다거나 필요한 액션을 취하면 빠르게 해결될 수도 있겠으나 그 누구도 나서서 그렇게 하지 않습니다.

유치원부터 공식적인 교육을 접하게 되는 아이들은 상급 학교로 올라갈수록 또래들의 부조리와 괴롭힘이 주변에서 발생할때 그만하라고 말리거나 선생님에게 알린다고 하는 학생의 수가 계속 감소하며 아무것도 하지않고 외면하는 방관자의 비율이 급속도로 증가하는 것을 볼 수 있습니다. 그 이유는 또래 집단내에서 신고자는 미움받기 딱 좋은 유형이기도 하지만 본인도 괴롭힘의 표적이 될 위험이 있으므로 신고는 자신이 잠재적으로 손해보는 행위라고 판단합니다. 그렇기 때문에 신고가 의로운 행동이더라도 하지않고 방관자의 길을 택합니다. 이런 상태로 자란 아이들이 어른이 되어 우리사회를 이루고 있는 것입니다.

집단 괴롭힘이 격화되는 이유는 '동조 압력'이라는 '향사회성' 때문입니다. 동조 압력은 교사 조차도 방관자로 만들 수 있을 정도로 강력한 기제입니다. 다들 집단 괴롭힘에 참여하고 있으니 나도 참여하지 않으면 내가 표적이 된다는 두려움. 또는 모두 못본척 하는데 굳이 내가 나서서 위험을 무릎쓰고 신고를 하느니 다른 사람들처럼 똑같이 행동하자며 자기방어적이 되는 것처럼 누군가를 배제하려는 현상은 인간사회 어디에서나 일어납니다. 그렇기에 어릴 때부터 침묵은 금이라고 가르치며 본인들의 비열함을 합리화 시킨 기성세대들은 모두 반성해야 합니다. 의로움과 선함을 방관하고 외면하는 사람이 가장 득을 보게되는 사회는 천박한 사회라는 증거입니다.

OHW : 침묵은 금이 아닙니다.

25. 두 얼굴의 양심

인간은 자신을 어떤 집단의 일원으로 인식하게되는 순간부터는 도덕심이나 윤리관이 낮아지는 집단내 생크션(sanction)을 전혀 저지하지 못하는 치명적인 특성이 있습니다. 개인의 양심은 존재하더라도 집단의 양심은 사라져 버린다는 뜻이며 온갖 문제의 악순환이 여기서부터 시작됩니다.

사회내 존재하는 거의 모든 소 · 중 · 대기업 · 공공기관 · 정부 · 언론 · 군대 · 교육 · 체육 · 예술 · 문화 · 도시 · 시골 등에서 예외없이 이러한 기제가 뿌리깊게 내부 구조화되어 있다는 것을 빨리 깨달을수록 현명한 판단을 하게됩니다.

아무리 의롭고 멀쩡한 사람도 집단에 소속된 구성원이 되면 그 집단내 부조리에 대해 무력해지며 급기야는 집단내 부조리에 적극 동조하는 현상까지도 보입니다. 그렇지 않은 극소수의 사람도 물론 존재하지만 대부분 이들은 부조리한 집단내 대다수로부터 따돌림이나 박해를 당하게 됩니다.
하지만, 이렇게 소수이지만 깨어있는 양심을 가진분들로 인해 우리 사회는 여지껏 버텨내면서 한발씩 앞으로 가고 있습니다.

OHW : 나는 소수의 깨어있는 양심일까요? 기회주의적인 다수일까요?

26. 위험할수있는 단결

국가나 사회내 인간들이 서로의 이익을 위해 모이게 되면서 단결이라는 행위를 하게되면 그외 집단의 인간들을 필연적으로 차별하게 됩니다.

지금 우리는 학교 · 직장 · 지역사회 · 국가라는 벗어날 수 없는 원천의 틀속에 있으며 그 속에서 흔히 미우나고우나 모두 힘을 합해! 다 같이 단결하기를 늘 강요 받고있는 숨막힘과 함께 무리내에서의 적대적 표적이 되지않기위해 속한 집단내 단결하지않는 일탈자를 색출해야한다는 압박감을 가지게되고 타인과 원만하게 지내면 긍정적인 평가를 받고 퍼스널리티가 있으면 힘들 뿐이라는 창조성향 자체를 기저부터 싹을 잘라내는 부정인식을 뿌리 내리게 했습니다.

실제, 친구나 지인이 적거나 아예 없어도 문제될게 없으며 나쁜건 더욱 아닙니다. 혼자서도 잘 지내고 문화 생활을 즐기고 자신을 고양시킨다면 인간계의 진정한 강자이겠죠. 호랑이는 필요할때는 서로 교류하지만 대부분은 떼로 몰려다니지 않죠? 진화생물학적으로 생존에 취약한 개체일수록 잠시도 혼자 있지못하고 시도때도없이 떼를지어 몰려 다닙니다.

집단내 만들어낸 기준은 너무 쉽게 개인의 도덕을 부정하게되고 전체의 추상적인 상징은 결국 개인의 구체성을 압박합니다. 인류 진화에서 살아남은 이기적 유전자의 본체인 우리들은 욕망의 존재로써(경제적 인간. 호모 이코노미쿠스) 자본주의 경제에서 효율 극대화라는 이데올로기를 오랫동안 주장하고 있습니다. 이러한 주장으로 단결된 집단은 내부에서 정해놓은 규율을 최상위에 올려놓으며 개인의 도덕적 양심을 확실하게 부정함에 따라 교조적 문화가 팽배해지게 됨으로써 딘결된 집단은 점점더 도덕을 무시하며 권력을 취득하는 수단으로 교묘하게 운용되며 기득권화 됩니다.

그러므로 단결된 집단화 · (떼)무리를 지어서 만들어낸 진리 · 정의 · 확신 · 신념은 경직된 권력에의 추구와 의지의 표현이기도 해서 집단 이익이 이성보다 우선하는 모든 정책과 비전은 절차를 거친 지성을 포함한 의견임에도 실제로는 공정하지 않으며 집단내 단결로 생성된 이념으로만 기준이 강화됩니다.

인간이 집단을 이루고 시도때도없이 무리지어야 한다는 생각은 안전과 생존을 지켜낼려는 유전자 때문입니다. 그중 홀로 있어도 어지간한 문제 해결을 하는 사람은 드물지만 존재했습니다. 생존에 강인할수록 개인화 성향이며 얽매이는 걸 싫어합니다. 대부분의 인간들은 자신이 약하다고 여기게되는 자원과 정신,육체에 대한 결핍을 보강하는 차원에서 끊임없이 무리(떼)지으려고 하고 만나고 또 만나면서 자신이 부족한것을 끊임없이 채우고 있습니다.

이제는 남녀노소를 막론하고 잘못된 관념을 깨우쳐야 합니다. 인간들이 집단을 만들게되면 사고방식이나 행동이 다른 사람을 허용하기 힘들어진다는 사실을 정확하게 인지시켜줘야 합니다. 그것이 집단화와 단결에 대한 올바른 교육입니다. 이러한 본질을 인지하지도 못한체 무조건 집단 괴롭힘이나 왕따는 하면 안된다고 말해봐야 소용 없습니다. 저 사람은 언젠가는(예측. 예단) 우리 집단에 피해를 줄 수 있는 (잠재적)위협을 할수도 있으니까 미리 혼내주자 라는 마음이 우리들에게도 언제든 생길 수가 있고 그것은 위험한 생각이라고 설명하며 깨우치고 공감해야하는 겁니다.

OHW : 집단화되고 무리를 이루며 단결을 부르짖게 되는 순간부터는 집단과 조금이라도 다르게 생각하고 행동하는 인간에 대해서는 배타적 소외를 지속적으로 가하게되며 이것이 쌓이면 홀로코스트 같은 만행도 일어나는 겁니다.

제 2부
세상이 나아지는

27. 분열로 먹고사는 언론

현재 신문이라고 불리는 인쇄 매체의 광고비는 노출 지면에 비례해서 산정되지만 인터넷 광고는 지면이 아닌 광고 대상의 조회수에 의해 시장가격을 형성하기 때문에 편향된 시선의 소재만 지속적으로 자극하고 다루면서 저널리즘에서 본격적으로 이탈한지 오래입니다.

이제 주류 언론에 대한 불신은 한국만의 문제가 아니라 앞서 어산지에서 다룬바있지만 세계적인 현상입니다. 일반 대중과 언론계의 뿌리깊은 궤리는 신뢰 저하라는 적개심으로 변해서 페이퍼 신문들의 세상은 강제적으로 거의 종말되었습니다. 세계 언론들은 종이 지면에서 디지털 화면으로 신속 변신하면서 디지털 노마드가 가장 선호하는 알고리즘만을 뒤쫓는 기사를 쉬지않고 생산합니다. 많은 광고를 받고 독자의 시선을 잡아두기위해 분열된 사회 현실을 더 부각시키고 더 긴장을 조성하는 감각적인 기사들로 인터넷 지면을 완벽하게 도배합니다. 15년전 과거에는 IT 정보를 무상으로 제공하며 존립하던 언론들이 이제 유료화를 서두르며 특화된 구독 서비스를 내놓고 있습니다. 스트리밍 플랫폼은 기본이고 전문성을 갖춘 기사로 유료 전환시키며 시장을 확보하고 있습니다.

뉴욕타임스는 종이 신문시대의 수익을 디지털 신문 수익이 이미 넘어섰습니다 온라인 구독 오백만을 넘기는 시점부터 종이 신문의 이익을 넘기게 된 뉴욕타임스 입니다. 온라인 구독자 만으로 생계를 이어가는 언론들은 구독자 확보에 총력을 기울이게 됩니다.

자유주의 신념을 가진 지식층이라면 당파성을 혐오하고 상식과 시사에 관심이 많으며 사실에 근거한 추론만 받아들이는 이른바 '날마다 조간신문을 읽는 것이 현실주의자의 아침 기도'라고 했던 프리드리히 헤겔처럼 종이 신문을 사랑하던 교양인이 많았던 세상은 이제 허상으로 사라졌습니다.

구독자가 원하고 읽는 기사를 생산해야만 하는 운명에 놓인 디지털 언론들은 편집방향도 당연히 구독자의 다수 성향에 맞추게됩니다. 이제 언론도 구독자도 한몸으로 뒤엉켜서 보편적 상식에 기반한 현실 분석은 사라졌으며 그 자리에 '분열'의 정보를 왜곡 가공 생산하여 온라인상으로 팔며 먹고삽니다. 이제 신문은 완결된 총체적 매체로서의 기능은 없으며 단편적이고 자극적인 기사로 커뮤니티(공동체)를 유혹하는 주제들만 유통시키며 이익을 챙기는 쪽으로 변합니다.

풀리처상을 수상한 콜롬비아 대학의 니콜라스 리먼은 이렇게 말합니다.
'인터넷 신문은 한층 이념적인 뉴스 컨텐츠를 선호합니다. 구독자들의 견해에 반대되는 기사보다는 구독자들의 생각을 재확인 해주는 기사를 더 많이 싣습니다' 케이블 뉴스 채널도 비슷한 방식으로 움직입니다. 우리나라 신문이나 방송들도 겉으로는 가치중립을 표방하면서 실제로는 상업적 이익을 쫓아 신념과 견해가 엿가락 처럼 휘기도 하고 녹아내리기도 합니다.

이같은 미디어의 몰가치성은 언론은 어떤 선입관도 배제해야 한다는 가치중립성의 개념과 상반된것으로써 애초부터 작심을 하고 본질을 왜곡하며 과장하는 일을 서슴치 않고 자행합니다. 그래서 진실된 기사를 써야하는 기자라는 직업에 대해 대중들은 가짜뉴스를 만드는 '기레기' 라고 부르며 조롱과 멸시를 보냅니다.

출처가 불분명하고 근거가 희박하더라도 구독자들에게 기쁨, 슬픔, 경멸, 분노, 즐거움 같은 감정을 증폭시켜 조회수만 늘릴 수 있다면 거침없이 내보냅니다.

오래전 위르겐 하버마스는 '미디어 산업의 놀라운 발전은 생활 세계의 식민지화를 초래할것이다' 라며 현재의 미디어 문제를 예언하듯 정확하게 지적했습니다.

OHW : 진실같아 보이지만 결코 진실이 아닌 디지털 미디어가 뿜어내는 페이크 뉴스 홍수에 과연 무엇이 진짜인지 가늠하기 어렵습니다.

28. 바베트의 만찬

어니스트 헤밍웨이가 노벨문학상의 가치가 있는 작품이라고 극찬한 아이작 디네슨의 소설 '바베트의 만찬'은 19세기 덴마크 시골을 배경으로 청교도적인 메시지와 순수한 마음을 그립니다.

평생을 외진 시골마을에서 목회활동을 한 아버지가 세상을 떠난후 독신으로 살며 남아있는 늙은 신자들을 보살피며 살아가는 자매가 있습니다. 그나마 몇 안되는 남은 신자들은 서로 갈등하고 싸우는 날이 잦아지는 상황입니다. 젊은 시절의 언니 마르티네는 잘생긴 청년장교 로렌스의 사랑을 받았었고 동생인 필리파는 프랑스 성악가 파팽에게서 성악을 배운 서로의 추억들이 있습니다. 그러던 어느날 갑자기 찾아온 여인은 오래전 머물렀던 프랑스 성악가 파팽의 편지를 들고 찾아온 바베트라는 여인이었고 그녀는 프랑스 대혁명 당시 코뮌에 의해 남편과 아들 둘다 잃고 오갈데없는 몸을 의탁하러 프랑스에서 덴마크의 외진 시골마을까지 찾아들어온 것이었습니다.

마르티네와 필리파 두자매는 조용히 바베트를 맞아 들였고 같이 10년의 세월을 사는동안 그녀에게 묻지도 않았지만 그녀또한 자신의 과거를 말하지 않고 지내며 성실하고 알뜰한 일 솜씨와 좋은 품성으로 이젠 두 자매에게 없어서는 안되는 소중한 인물이 되었습니다. 어느날 바베트는 만프랑 복권에 당첨이 되었는데 이를 들은 두자매와 마을 사람들은 당연히 바베트가 큰 돈을 찾은 후 이제는 프랑스로 떠날 것 이라고 생각합니다.

그런 예상과 달리 바베트는 어렵고 의지할데 없던 자기를 거둬준 두 자매의 작고하신 아버지 100주년 생일을 기념하는 프랑스식 만찬을 열게 해달라고 두 자매에게 정중히 부탁을 합니다. 청교도적인 생활을 하던 두 자매에게 사치스럽고 부담스러웠던 프랑스식 만찬은 어림없는 일이라는 걸 잘아는 바베트는 그래서 조심스럽지만 확실한 의지로 두 자매에게 간청합니다.

작고하신 아버지를 기념하는 100주년 생일을 위해 준비하는 만찬을 허락해준 두 자매가 걱정을 하지않아도 되도록 바베트가 내오는 프랑스식 만찬 음식에 대해서 마을 사람들이 어떠한 말도 하지않기로 서로 약속합니다.

100주년 생일날 저녁 완벽한 프랑스식으로 차려져 나오는 만찬에 젊은 날의 마르티네를 사랑했던 청년 장교 로렌스는 이제 중년의 장군이 되어 만찬에 오게되고 그는 궁정에서 자주 먹어본 익숙함으로 만찬 음식들에 대해 음식맛이 환상적임을 칭찬하지만 마을 사람들의 입은 먹기만 할뿐 굳게 닫혀 있습니다. 미리 약속한대로 아무말도 하지 않는것이죠. 이 장면에서 마을 사람들이 서로 투덕거리고 싸우기는해도 순수(순박)함이 보입니다. 시간이 흐를수록 바베트의 프랑스식 만찬 음식의 사랑스러운 온기를 느낀 마을사람들의 마음은 열렸고 각자 은혜로운 만찬 음식에 대해 깊이 교감하게 됩니다.

바베트의 프랑스식 만찬 음식으로 서로 갈등하는 사람들끼리도 공감하는 마음을 찾아갑니다. 물론 고급식기 준비와 최고급 음식재료들을 현지 공수등을 하면서 하루 저녁 만찬 단 한번에 바베트는 당첨금 만프랑을 아낌없이 다 사용합니다.

인간이 가진 자잘하고 세속적인 욕망을 절제하며 신앙으로 사람들과 어울리며 소박하고 평화롭게 살아갈 수 있는 힘을 가진 두 자매와 그 마을 사람들 입니다.

금기가 많은 청교도적인 삶을 살아가는 두 자매와 마을사람들을 안타까워하는 사람들이 있다면 오히려 속물이 아닌가 싶습니다. 단지 12명을 만찬에 초대해 대접하며 만프랑 상금을 다써버린 바베트를 걱정하는 두자매에게 이렇게 말합니다. 저는 가난하지 않아요. 사람들을 내가 만든 음식으로 행복하게 할수 있었어요. 그것이면 됩니다.

성스러운 푸른 빛이 도는 바베트의 만찬은 가장 어렵고 힘들때 받아준 두 자매의 선함이 바베트를 통해 아름답게 펼쳐지는 모습이 아름다운 동화같은 소설입니다.

OHW : 오늘 저녁은 눈에 보이지는 않지만 푸른 별빛이 춤추는 것 같습니다.

29. 알렉스 코브

인간들이 왜 부정적인 생각에 대해 강하게 떨쳐내야 하는지에 대한 이유를 설명하는 알렉스 코브는 인간 두뇌의 감정회로는 긍정과 부정중에서 부정적인것에 더 쉽게 감정회로가 활성화 됨을 밝혀냈으며 인간은 부정적인 경험 한가지를 하게되면 긍정적인 사건을 사람마다 편차가 있지만 아주 많이 반복 경험해야만 부정과 긍정의 감정이 겨우 비기는 정도가 된다고 주장합니다.

게다가 어떤 사람의 뇌는 자동적으로 부정적인 면에 초점을 맞추는데 그런 사람들은 우울증에 빠질 위험이 훨씬 크다고 합니다. 그들의 뇌는 고통 · 상실 · 실수 때문에 치뤄야 하는 감정들이 실제보다 더 강하게 편향되어있고 과거의 기억과 미래의 기대를 자주 왜곡합니다. 우울증 상태에서는 이러한 뇌의 부정 편향이 상황을 실제보다 훨씬 더 나쁘게 인식하도록 만듭니다.

현실은 보이는것보다 더 낫습니다. 당신이 하는 일은 무의미 하지 않으며 무엇이든 할수 있고 당신의 능력은 당신이 생각하는 지금보다 훨씬 더 뛰어나다는 것을 인식해야 합니다. 우리가 의식적으로라도 부정적 생각을 단절하고 긍정적 생각을 강화해야하는 이유입니다.

OHW : 우울증은 뇌 감기라고 간단하게 정의 내려버린 신경과학자 알레스 코브

30. 역사를 없애야 행복해진다

인간은 절대로 사회적 동물이 아닙니다. 그보다는 차라리 개인적 동물이고 고독을 즐기는 동물입니다. 왜 대다수 현대의 가장들은 산과 바다를 동경할까요? 그 누가 복잡한 사람들 틈으로 무리지어 휴가를 다니는걸 좋아할까요? 하나같이 고요하고 편하고 프라이버시가 보호되는 개인적인 공간을 훨씬 더 선호합니다. 다만 가격이 비싸니 그렇게는 가질 못하고 현실적인 비용에 부합하도록 꽉꽉 채워서 단체로 무리짓고 다니며 여행비용 단가를 낮추는 것입니다.

고독을 즐기는데도 큰 비용이 듭니다. 그래서 떼지어 다니는 것은 저비용으로 고효율화 시키는 전략적 선택입니다. 본질이 이러함에도 인간을 사회적 동물이라는 궤변으로 끼워 맞추며 살고 있습니다. 예전부터 그렇게 배워왔다는 이유로.

사회적 동물이라고 부르는 이유는 생업에 급급한 인류가 자조적으로 만든 단어입니다. 혼자 뭘해서는 생존하기가 너무 버거우니까 많이 모여서 먹고사는 문제를 조금더 쉽게 해결해내는 구조로 인해 개인적 동물이라는 본질을 버리며 사회적 동물이라고 세뇌시켜 자기합리화시킨것이 고착 됩니다.

이렇듯 인간의 역사는 조금만 상식적으로 생각해도 믿을게 아닙니다. 인간의 역사와 정의는 대부분 승자의 역사와 기록입니다. 패자의 역사는 우수하더라도 기록되지않거나 왜곡된체 승자의 역사로 흡수되었고 역사는 언제나 일반 민중들을 외면했고 그들에대한 기록은 희소할정도로 미약합니다.

사람은 죽어서 아무나 역사에 본인 이름을 남기지 못합니다. 일부 몇명만 이름을 남깁니다. 주로 독재자나 권력층입니다. 본인 2대조 할아버지 성함은 몰라도 세종대왕과 히틀러는 모두 압니다. 인간의 우매함은 늘 반복됩니다. 독재에서 민주로 민주에서 독재로 순환되죠? 자세히 들여다보면 독재자 한명이 이렇게 만드는게 아닙니다. 이기적 인간본성을 꿰뚫고있는 독재자가 단 한번의 공포로도 우둔하고 자기목숨이 우주보다 더 소중한 대중 집단 전체를 휘어잡을 수 있는것입니다. 즉, 인간 대다수가 스스로 그 독재자를 선택했다는게 더 논리에 맞습니다.

그래서 루소는 역사를 없애야 한다고 말합니다. 그는 역사를 없애버려야만 인간은 행복해질 수 있다고 주장합니다. 그의 '인간 불평등 기원론'에서 인류가 불행해진것은 정치, 학문, 기술의 역사가 중요시 되었기 때문이라고 합니다. 역사가 없었던 원시시대의 인류들이 역사의 틀에서 벗어나지 못하며 살아가는 문명시대 인류보다 훨씬 더 행복했다는 것이 루소의 주장입니다.

OHW : 이래저래 역사는 믿을수가 없습니다. 그러므로 인간 개개인은 역사의 꼭두각시가 되기보다는 아예 역사의 아웃사이더가 되어 '역사의 거울'이나 '양심의 거울' 같은 위선적인 말에 속아휘둘리며 그들이 원하는 삶으로 살지말고 나의 '본능이 거울'이라는 내면에 귀기울이며 나의 이성으로 절제와 자주적 판단을 하며 개인의 역사를 써봅시다.

31. 반지성주의를 말하다

가끔 사상에 대해 무조건적인 적의를 품는 이들이 만든것이 반지성주의가 아닙니다. 지식인의 가장 유력한 적은 어정쩡하게 알고있는 무지와 지성의 중간에 있는 자들입니다. 반지식인조차도 한결같은 지적 정열을 결여한 이는 한명도 없습니다. 그밥과 그 나물이긴 한데 반지성주의에 빠지기 더 쉬운건 지성인 이라고 우치다 마쓰루는 주장합니다.

반지성주의를 움직이는 힘은 단순한 게으름이나 무지가 아닙니다. 대개는 '외골수적인 지적 정열' 때문입니다. 지성이란 집단적 현상입니다. 인간은 집단화를 통해 정보를 채집·가공해서 그 중요도를 가늠하고 그 의미에 관한 가설을 세워 대처하는 방법들을 합의해 냅니다. 이러한 역동으로 활기가 생겨나며 추동되는 힘을 우리는 '지성'이라고 부릅니다.

그러므로 지성은 개인적인 속성이 아닙니다. 지성은 집단적으로만 발동 합니다. 따라서 어떤 개인이 지성적인지 아닌지는 그 개인이 사적으로 소유한 지식의 양이나 지능지수와 연산능력으로는 판단할 수 없습니다.

사람이 그 자리에 있음으로써 또는 그 사람의 발언이나 행동에 의해 그가 속한 집단 전체의 지적 능력이 그가 없을때보다 훨씬 높아질 경우 사후적으로 그 사람은 지성적인 인물이었다고 판정할 수는 있습니다. 개인적인 지적 능력은 어지간히 높은 듯 하더라도 그 사람이 있음으로써 주위에서 웃음이 사라지고 의심의 눈초리가 번뜩이며 노동의욕이 저하되고 아무도 창의적인 제안을 하지않는 일들이 현실에서 종종 일어난다면 반지성적 인간이라는데는 동의 하실겁니다.

반지성적인 사람이 활발하게 본인의 지력 知力을 발휘할수록 그가 소속한 집단전체의 지적능력은 아래로 내려갑니다. 반지성의 원인은 그들이 자기들 개인 수준의 지력으로 이해할 수 있는 설명이 되기를 간절히 바랐기 때문입니다.

OHW : 제대로 알지못한 짧은 지식이 과장되면서 힘을 얻으면 위험해집니다.

32. 침묵속에 악화된 인간사회

인간 본질들중 악에 대한 침묵은 미덕이 아니고 악 그 자체입니다.
그리고 악에대한 침묵은 언제든지 악을 숭배할수있다는 인간 본성을 보여줍니다. 우리 인간들은 다른 사람들이 미래에 피해를 받게될 확정적인 시련에(자연재해 및 제노사이드등)대해서 불이익이나 피해를 최소화하기 위한 개인적 희생을 감수해야 합니다. 그런데 이렇게 개인적인 희생을 감수할 수 있는 사람들이 과연 몇명이나 될까요?

인간이라는 생물종은 자신 및 자신의 자손과 혈족이 단기적으로 생존하는데만 초점을 맞추며 소집단화된 동물로 진화를 거듭했습니다. 그래서 인간의 뇌는 먼 미래의 후손은 말할것도 없고 증손주 세대의 삶조차 걱정하지 않고 삽니다. 직계 자손만 아니면 인간들 눈에 보이지도 않고 그때까지는 내가 존재하지도 않을 자손의 자손대까지는 실제 거의 NO 관심이라는 겁니다.

보통의 사람들은 자기와 자기 자손들의 건강을 위해 좋지않은 음식을 기꺼이 멀리할겁니다. 그러나 자기 증손주가 더 좋은 환경에서 살게될 가능성을 높히기위해 건강한 식단을 지키라고 한다면 얼마나 많은이들이 그렇게 지킬까요? 기후변화라는 과제에 대처할때도 우리가 기꺼이 치러야 하는 이러한 희생에 대해 진지하게 임할 수 있을까요? 지금보다 조금 덜 쓰고 덜 자유롭고 덜 풍족하며 어떤점에서는 덜 즐거울 수 있는 기준을 사람들은 기꺼이 후손의 후손들을 위해 받아들일 수 있을까요? 기꺼이 반기고 협조할 가능성은 크지 않으며 환경문제는 당신 혼자 지켜라. 라고 소리치는 불량 정치인을 유투브에서 봤습니다.

선량한 시민으로써 지구온난화를 제어하기 위해 자기 몫의 희생을 부담하는 사람들조차 아무런 희생을 치르지 않은체 열매만 나눠 먹으려드는 무임승차자들의 '봉'이 되는걸 바라지는 않습니다. 이는 에너지 소비와 탄소배출 문제에 관심도 없는 국가와 개인들이 평소에 하던 욕망대로 지구환경을 훼손시키며 지금도 이득을 취하고 있습니다. 그런데 이런 국가와 개인들조차 다른 나라와 다른나라 사람들이 노력을 기울여서 그나마 나아진 지구환경을 만들어 내는 결과에 대해 그들은 아무런 자기 노력도 희생도 치르지 않았으면서도 다른 사람들과 다른 국가의 노력과 희생으로 얻어진 이득을 나누어 가지게 됩니다. 이기적인 개인과 국가가 이타적인 국가와 개인보다 더 많은 이득을 누릴 수 있는 잘못된 세상입니다.

독일 나치에 협조한 사람들은 이구동성으로 나는 너무나 무력해서 아무것도 할 수 없었다면서 당시 그 무서운 권력앞에 누구도 감히 반대할 수 없었다는 유형의 자기 합리화는 결국 진실에 대한 부인(Denial)으로 이어졌습니다. 인간은 이렇다는 것입니다. 노예제도 철폐를 거부했던 사람들은 한 목소리로 경제적인 이유에서 노예제도가 꼭 필요하다고 주장했으며 그것이 얼마나 잔혹한 것인지는 끝내 인정하지 않았습니다.

나치 독일의 유대인 대학살이 주는 교훈은 인간이 얼마나 사악한지 경계하라고 일깨워 줍니다. 유대인 대학살은 분명 수천명이 함께 저지른 잔혹함이었습니다. 그러나 그외 수십만명이 이 대학살에 가담한것도 사실입니다. 그들을 강제 수용하는 곳에 가시를 붙인 철조망을 만들어 납품한 사람들. 유대인들의 강제노동으로 생산된 제품을 산 사람들. 부정한 돈을 스위스 은행계좌로 받아준 사람들. 다른 사람들이 손뼉친다고 덩달아서 손뼉친 사람들. 그리고 이 끔찍한 일이 대놓고 저질러 지는 동안 아무 소리없이 침묵을 지키며 외면한 대다수의 사람들.

상황주의적 관점에 기반을 두고 까다로운 도덕적 쟁점들은 토론용 아젠다로는 의미가 있겠지만 실제가 너무 명확해서 설명할 필요도 없이 결론을 모두 압니다.

한나 아렌트의 '악의 평범성'이란 말에 유럽인들이 경기하듯 놀랐지만 그것은 평범한 인간들에게 언제나 일어날수있는 것이라는 그녀의 단호한 주장앞에 그렇지 않다는 반대 주장은 힘을 전혀 못씁니다.

나치가 헝가리 부다페스트를 점령하며 자행한 유대인 학살에서 헝가리인들 대부분은 도시내에 있던 유대인을 배척했습니다. 유대인들을 숨겨주지 않았고 독일군이 쳐들어올 동안 도망가지않은 것을 그들의 탓으로 돌리며 자기 합리화를 했지만 부다페스트에도 몇 명의 조용한 영웅들은 있었고 그들은 유대인에게 숨을 곳을 마련해주며 돕습니다. 헝가리인 거의 모두가 자신들은 무력해서 아무것도 할 수 없고 생판 모르는 유대인을 위해서 자기 가족들을 위험에 빠뜨릴 수 없다고 주장하며 독일군에게 순종했습니다. 그 반대에서 조용히 유대인들을 숨겨주고 구해낸 영웅적인 이들에 대해서 전쟁이 끝난뒤 사악한 학살이 행해졌던 그 현장에서 아무런 행동을 하지않으며 자신을 합리화시키기 바빴던 대다수 인간들은 끊임없이 죄책감을 심어주는 용감한 소수에 대해 불편한 마음으로 그들을 손잡거나 존중하지 않았습니다. 인간은 이렇게까지 사악하고 또 비열합니다.

나와 내 가족만 무사하다면 유대인 만명이 당장 내 눈앞에서 죄없이 학살되어도 상관안하는게 인간입니다. 공포앞에서는 내 안위만 무사하면 언제든지 OK 사인을 내며 사악함에 기꺼이 동조하는 것이 인간입니다.

독일 본토에서도 나치에 저항하는 단체가 있었습니다. 그 수많은 독일인들이 나치의 공포에 의해 어쩔 수 없이 너도나도 침묵했다고 합리화를 하는동안 백장미 단으로 불리는 작은 청년단체는 1942년 6월부터 1943년 3월까지 8개월간 나치에 반대하는 유인물을 뿌리고 건물벽에 저항의 낙서를 합니다. 이 단체는 나치의 막강한 힘앞에 비극적 종말은 예견되었지만 그래도 행동했습니다. 결국 이들은 신원이 밝혀져 잡히게되고 즉시 처형 됩니다.

그때의 백장미 단체를 지도하던 뮌헨대학교 교수 쿠르트 후버와 단체의 리더였던 그의 제자 한스와 소피 등은 많은 독일인들이 나치의 무도함과 폭력을 부정적으로 느꼈다고는 하지만 감히 행동으로는 저항하지 못한 것에 반해 공개적으로 표현하고 저항했던 것으로써 적어도 독일내에 제정신인 사람이 몇 명은 있었다는 숭고함의 상징입니다.

그러나 끝까지 살아남아서 대를이어 잘 살고있는 그 나머지 대다수의 독일인들에게는 이들 백장미단을 기리는 날은 그들에게는 참으로 부끄럽고 부담스러운 날입니다. 그들은 백장미단과는 달리 저항하지 않고 오히려 사악한 행동에 적극 협조했고 범죄를 외면했으며 단체로 침묵한 행위는 나치의 범죄행위에 동조한것이나 마찬가지이기 때문입니다. 나치의 사악한 현장에서 참묵을 지킨것은 나치의 범죄행위 만큼이나 인류에게 큰 위협을 자행한 것입니다. 그래서 아렌트의 악의 평범성에 대해 의심할 것도 없이 스스로에게 자문 해야 합니다.

과연 우리가 독일 시민들처럼 무서운 선택을 강요받게 되는 상황에 놓인다면 우리는 나치에 저항하는 계란 백장미단이 되어 저항하며 죽었을 것인가? 아니면 나치에 순종하고 한술 더 떠 협조하며 이득을 챙기고 자기합리화를 하며 살았을 것인가? 각자 상상해 보는 시간을 가져봅시다.

OHW : 사악한 인간 본성이 이런 상황 앞에 놓이지 않기를 바랍니다.

33. 니콜로 마키아벨리

누구라도 많이 들어본 니콜로 마키아벨리 Niccolo Machiavelli(1469~1527)는 555년전 1469년 피렌체의 가난한 법학자의 아들로 태어납니다. 그는 피렌체의 메디치 가문이 무너진후 공화정 체재로 운영되던 1498년 29세때부터 외교관으로써 눈부신 활동을 하는데 스포르차와의 분쟁을 화해로 이끌었고 프랑스 루이 12세와 동맹협약도 순조롭게 이끌어서 피렌체 공화정은 그의 외교능력을 인정합니다. 그러나 1512년 공화정이 무너지고 또다시 메디치 가문의 군주정이 들어서자 공직에서 추방되었고 반 메디치 인물로 낙인찍혀서 투옥됩니다.

그 후에도 피렌체를 위해 공직에서 일하기를 원했던 마키아벨리는 메디치 가문에게 기회를 얻기위해 백방으로 애를 썼으며 자신의 그러한 뜻을 전하고 알리기 위해 쓴 것이 바티칸의 금서로 불리는 책 '군주론' 입니다.

한번 찍혀서 눈밖에나면 예나 지금이나 회복이 안됩니다. 그는 끝까지 메디치 가문에게 외면받고 '피렌체사' '전술론' '군주론' '만드라골라'를 집필하며 여생을 보냅니다. 마키아벨리가 메디치 가문에게 군주론을 바칠때의 절박했던 심경을 몇 문장으로 알아보겠습니다.

'군주의 총애를 받으려 하는 자들은 대부분 자신들이 가장 값지다고 생각하거나 군주가 가장 기뻐할 것이라고 여기는 선물과 함께 군주를 알현하는 것이 관례입니다. 그리하여 저 또한 전하를 향한 충성심의 증거로써 선물을 준비하고자 했습니다. 위인들의 업적에 관한 지식보다 더 소중한 것이 없음을 알게 되었습니다. 이제 그 결과물을 소책자로 정리하여 전하께 바치고자 합니다' 신분이 낮고 비천한 자가 감히 군주의 통치를 논하고 규정하려는 것을 주제넘다 여기시지 않기를 바랍니다. 저의 뜻을 잘 헤아리시어 이 작은 선물을 받아주십시오. 이것을 꼼꼼히 읽고 깊이 성찰하신다면 전하의 위대한 과업이 성취되기를 바라는 저의 뜨거운 열망을 발견하실 수 있을 것입니다. 그리하여 위대하신 전하께서 계신 그 높은 자리에서 낮은 곳을 바라보실 때 그곳에 잔혹하고 연속된 불운으로 인해 부당하게 고통을 겪고있는 제가 있다는걸 알아차리게 될 것입니다.

얼마나 마키아밸리가 메디치 가문에게 잘보이고 싶어했고 공직에 뽑히기위해 필사적이었는지는 군주론을 집필 후 갖다 바치는 글 속에서 잘 느껴지실겁니다.

군주론에 기록된 마키아벨리의 주장 몇 가지를 요약해보면
전쟁은 피할 수 있는 것이 아니다. 전쟁을 피하기 위해서는 골칫거리들이 제압할 수 없을 정도로 커지는 것을 결코 용납해서는 안된다. 우리시대 현자들이 말하는 유리한 시간이 오기를 기다리라는 말을 전혀 받아들이지 않고 자신들이 지니고 있는 힘과 신중함을 통해 얻는 이익을 더 선호해야 합니다. 시간은 모든 것을 이끌고 오기때문에 이익을 가져오는 만큼 해악을 가져오기도 하고 해악을 가져오는 만큼의 이익을 가져오는 것 이기도 하기 때문에

가혹한 행위는 단번에 은혜는 조금씩 천천히. 잔인한 수단(사악한 일)을 잘 사

용할 경우 그것은 전격적으로 자신을 보호하는데 유용한 역할을하게 되며 그 이후에는 백성들에게 이익이 되는 수단으로 전환될 수 있을 것입니다. 그러나 가혹한 행위가 점점 더 증가하게되면 그것은 잘못 사용하는 경우가 됩니다. 그러므로 다른 나라를 탈취한 정복자는 모든 가해 행위들을 단번에 실행하고 매일 거듭되지는 않도록 해야하며 가해행위가 되풀이되지 않는다면 백성들을 안심시키고 그들에게 은혜를 베푸는 것으로 민심을 끌어들일 수 있게됨을 명심해야 합니다. 이런방법을 따르지 않는 자는 소심함이나 잘못된 판단으로 인해 늘 손에 칼을 들고 있어야 할 것입니다.

또한, 지속적으로 가해를 하면 군주를 더이상 믿지못하게 되므로 가해는 단번에 시행되어야만 합니다. 피해를 적게 받을수록 적게 반항하는 것이며 은혜는 조금식 천천히 베풀어야 제대로 만끽할 수 있는 것입니다. 백성들의 지원을 통해 군주에 오른 사람은 백성들과 좋은 관계를 유지해야 합니다. 만약 귀족들의 지원으로 군주가 되었더라도 반대한 백성들을 보호해주고 그들의 지지를 얻기위해 노력해야 합니다. 사람들은 해를 끼칠것으로 예상했던 사람으로부터 좋은 대접을 받게되면 그에게 고마움을 느끼기 마련이어서 백성들은 자신의 지지로 군주가 된 사람보다 더 깊은 호의를 보이게 됩니다. 그래서 군주는 반드시 백성들과 좋은 관계를 가져야만 합니다. 그렇게 하지 않으면 군주가 곤경에 빠졌을 때 아무런 지원도 받을 수 없을 것입니다.

군주의 가장 확실한 기반은 자신의 군사력. 결론적으로 자신의 군대가 없으면 어떤 군주국이든 절대 안전하지 못합니다. 오히려 위기가 닥쳤을 때 자신을 방어할 힘과 충성심이 없기 때문에 오직 행운에만 의존해야 합니다. '자신의 힘에 기반을 두지않는 권력의 명망만큼 취약하고 불안정한 것은 없습니다'

운명의 반은 인간이 좌우한다. 운명에는 대담하게 맞서야 한다. 시대 정신에 부합해야 성공한다. 자국의 군대만이 나라를 구한다. 자신의 힘과 재능으로 얻은 것만이 확실하다. 아첨꾼을 멀리하고 현명한 사람이 진실을 말하게 해줘야한다. 군주의 지혜는 군주의 측근을 보면 알 수 있다. 측근들이 지혜롭다면 군주가 유능하고 지혜롭다는 것이며 측근들이 무능하고 부패하다면 군주가 그렇다는 것이기 때문이다 등의 말을 했습니다. 한마디로 유유상종은 진리입니다.

그 외 중립보다는 확실한 동맹이 낫다. 군주에게 가장 확실한 요새는 백성이다.
비우호적인 이들의 지지를 이끌어내라. 시련이 위대한 군주를 만든다. 음모를 저지하기 위한 가장 강한 대비책은 백성들로부터 미움받지 않는 것이다. 음모를 꾸미는 자들은 언제나 군주를 암살하는 것으로 백성들을 만족시킬 수 있다고 믿기 때문이다. 필요에 따라 바꿔야하는 군주의 성품(여우와 사자를 같이 활용해야 한다). 두려움의 대상이 되어야 하는 이유. 인간의 악한 속성은 사랑하는 자를 해칠 때보다 두려워하는 자를 해칠 때 더 두려워하기 때문이다. 잔혹하다는 평판을 두려워 하지말아야 한다. 인색하다는 평판을 얻는 것이 더 현명하다. 관대하다는 평판을 들으려고 하다가는 순식간에 재산을 소모하고 경멸받게 되며 급기야 적에게 침략당한다. 라고도 기록하고 있습니다. 고대, 중세, 근대, 현대까지 어느 시대이건 마키아벨리즘은 있네요.

OHW : 마키아의 잔혹하고 영악한 정치가 지향하는건 결국 탐욕이며 권력을 취하고 유지하기 위함인데 점점 듣기 거북해지는 걸 보니 진실에 가깝겠네요.

34. 테스토스테론

남자에게 거짓말쟁이에 도둑이라고 부른다면 그러면 그는 명예훼손이라며 당신을 공격할 것입니다. 그를 겁쟁이라고 불러보면 그러면 그는 분노에 치를 떨면서 그리고 그 신랄한 진실에 맞서기 위해 그는 죽음도 불사할 것입니다. 라고 조지 버나드쇼는 일갈합니다.

남자를 상징하는 호르몬 '테스토스테론'의 호르몬 작용에 대해 잘 알아야 합니다. 과다분비되면 불안정한 호르몬이기 때문에 우리가 알고있는 것처럼 남자는 용기있고 정의로우며 레이디 퍼스트 정신이 본능처럼 행해진다는 것은 확실한 오류입니다. 레이디 퍼스트는 남자를 신사로 여겨지게 하고 호감도가 올라가므로 평화로울때는 어지간한 남자라면 지킬려고 하지만 과연 그럴까요? 양심과 성품은 어려운 환경에서 실제있는 그대로 나타나는데 약자와 노인 여성을 먼저 챙겨주던 레이디퍼스트 정신은 위급상황이 되면 개똥처럼 버려지고 제 살길 찾아 줄행랑 칩니다.

스웨덴 학자들이 분석한 자료를 보면 난파선에서 생존 확률이 가장 높은건 예외없이 모두 선장과 선원이었고 여성과 약한 아이들 생존율은 가장 낮았습니다. 배 침몰시에는 규정에 의해 가장 약한 사람부터 대피를 시켜야하지만 그 행동수칙은 지켜지지 않았고 대피안내 시늉만 하다가 자신부터 살기위해 냅다 도망간다는 것입니다. 우리나라 세월호뿐 아니라 외국에서도 마찬가지 라는 겁니다.

서양인들 어디 인간 본성이 다르겠습니까?

연구자료를 보면 남성(남자)들은 우리가 알고 있듯이 용기(용맹함)를 최우선 가치로 여기며 약자를 돕는게 아니라 용기는 사회적 시선(교육)에 의해 강제되어 마지못해 이뤄지는 하위 가치이며 그보다 높은가치로는 명예욕을 우선 취하게 됩니다. 이 명예욕보다 더 우선으로 두는것은 본능적인 생존욕구이죠 (원초적 본능) 즉, 내가 살기위해서라면 명예도 용기도 한번에 버리며 내 명예를 위해서라면 정의를 위한 용기따위도 버리게된다. 실제 상황이 이러하니 남성 스스로 불의에 자발적 용기를 낸다는것은 극히 이례적이며 드물다는 겁니다.(아주 가끔 벼락맞을 확률보다 낮게 5천만 인구중 몇명 나오기는 합니다)

인류역사이래 해결되지 않는 동일한 문제가 발생하는것은 남성은 용기를 하위 가치로 행동한다는 본성을 받아들여야 하는데 남성 사회는 거꾸로 받아들였고 허상(허세)의 마초문화를 만들었으니 그 반지성적 행동에 어이가 없어할 뿐입니다. 상황이 이렇다보니 이런 환경에서 커온 여성들은 남성이 용기없이 비겁한 행동을 하면 도저히 용서를 못하는 것입니다. (실제, 남성은 용감하지 않음에도) 이러한 인지부조화로 인해 남성 호르몬 테스토스테론은 과도하게 공격적으로 반응하게되며 아무리 위급해도 상대를 봐가면서 행동하는데 상대방이 약하다고 생각되는 순간에는 과할정도의 폭력성향을 나타냅니다. 이는 남성이 성장하면서 유치한 사고를 치는 이유이기도 합니다. 불안한 호르몬의 난동으로 인해 작은 자극에도 너무 예민하게 반응하며 갑자기 미쳐날뛰는 과도함은 열등하고 예민해진 테스토스테론이 만드는 것입니다. 즉, 남자로써의 진정한 힘이 없다는 것을 숨기는 은폐성 과잉 사고들입니다.

진짜 힘세면 이렇게 미쳐 날뛰지 않고 조용하게 제압합니다. 진짜 힘센 사람이 약한자들 앞에서 힘자랑 하는것 본 적 있으신가요? 자신이 너무 강하면 오히려 져주기도 합니다. 방방뛰며 철없는 객기를 부리는 테스토스테론은 위험합니다.

위의 조지 버나드 쇼의 말처럼 남자에게 모욕을 가하면 설령 그 남자가 잘못을 했더라도 죽음을 불사하고 난동부리며 대들 수 있는 호르몬이 비이성적인 테스토스테론입니다.(물론 대부분의 남자들은 이성으로 테스토스테론을 잠재우지만. 일부이지만 완전히 정신줄 놓고 이성을 잃은체 눈돌아간 인간들도 있다는 사실을 말씀 드리는 중)

테스토스테론 과잉 사회가 되면 너무나도 위험하기 때문에 이러한 폭력적인 호르몬을 분출하는 인간들에게 합법적 분출 시스템을 만들어 줘야만 했고 그것이 바로 스포츠로 발전하게 됩니다. 축구나 야구, 농구, 육상, 사격, 권투 등 수 많은 체육종목들이 모두 이 호르몬을 분출시키기 위한 자구책이었던 겁니다. 미쳐날뛰는 호르몬을 잠재우는 방법으로는 가끔 전쟁도 일으키는데요. 그 전에 서로 권투글러브 끼고 링위에 올라 싸우며 호르몬을 진정시키는게 더 안전한 방법이겠죠.

옛날 축구에서는 경기룰도 없고 폭력까지 다 허용되었으니 축구 시합 한 번 하는 도중에 20%정도는 두들겨 맞아서 입원할 정도였다고 합니다. 말이 축구지 폭력(싸움)이었죠. 남자마다 차이는 있습니다. 아주 얌전한 기질을 가진 사람들도 소수 있기는 합니다. 또 다른 실험 결과를 보면 여자가 말이 더 많다는 건 속설입니다. 회의할 때 보면 남자가 더 타인의 말을 가로막는 것을 보게됩니다. 여자는 오히려 중간에 말을 잘 가로막지 않습니다. 이 또한 테스토스테론 작용이며 갖가지 구역에서 좌충우돌하는 호르몬입니다. 이런 나쁜 행동은 자존심때문인데 그 자존심의 실체는 자기 기만을 쉽게 초래한다는 것을 대다수 남성들은 모릅니다.

하버드 비즈니스 스쿨 분석에 따르면 남성들의 테스토스테론에 좌우되어 내린 결정은 처참한 실패를 불러올 가능성이 크다고 합니다. (젊잖게 표현했지만 실제는 폭망) 동물들은 테스토스테론 수치가 높아지면 다른 동물들 주변을 어슬렁거리고 돌아 다닙니다. 이 행동은 상대를 도발하려는 목적 외에는 아무런 이유도 없기에 위험합니다. 이런 현상을 잘 이해하고 있어야 남자든 여자든 호르몬이 미쳐날뛰는 상황에 직면했을때 현명하게 대처하겠죠?

아시다시피 유전자내에는 이기적 유전자와 이타적 유전자 둘 다 있습니다. 그러나 구성 비율은 개인마다 모두 다릅니다. 주변에서 조금 더 선한 자들이 당신의 눈에 보이시나요? 고맙게도 그들이 이 사회를 수백만년동안 지탱시켜 주는 유전자를 가진 인간들입니다. 주변에서 언행을 보면 인간이기를 포기한 인간들도 보이나요? 그들 또한 유구하게 그런 짓을 하며 살아남은 지독한 유전자들입니다. 그래도 더 나은 유전자를 가진 인간들이 0.1%라도 많아서 인간사회가 이렇게 지탱되고 있다고 보시면 되겠습니다.

OHW : 인간이라고 다같은 인간이 아닙니다. 인간은 각자 선천적으로 유전자의 선한 영역과 깨달음의 역량이 다릅니다. (애트우드)

35. 세계최초 약탈문화재

역사는 책에서 기록되기 보다는 약탈물로 기록되며 번성(유성)한 국가의 뒷모습에는 전시 약탈의 흔적이 나타난다는 더글라스 릭비의 말은 일리가 있습니다.

고대 바빌로니아(현재 이라크) 6대왕이었던 함무라비왕이 공포한 282개조의 법전(Code of Hammurabi)은 모세의 십계명보다도 3백년이나 앞섭니다. 함무라비왕은 이 법전을 모든 국민들이 볼 수 있도록 거대한 비석에 새겨서 바빌론의 신전에 세워뒀습니다. 그런데 이 비문은 기원전 1158년 엘람왕국(현재 이란)에게 침략으로 뺏기면서 세계 최초의 약탈문화재가 됩니다.

이 비석은 3천년동안 이란에 머물다가 1901년 프랑스 유적 발굴팀에 의해 곧바로 프랑스로 옮겨지게 됩니다. 이라크에서 이란으로 약탈되었고 이후 다시 프랑스로 옮겨간 것입니다. 높이 2.25M, 넓이 65Cm, 둘레 1.9M, 무게 4톤의 검정 화강암에 새겨진 함무라비 법전은 루브르 박물관 소장품 중 최고 보물입니다. 함무라비 법전은 프롤로그(서문), 본문(법조문), 에필로그(맺는 말) 세 부분으로 이루어져 있고 신과 왕 그리고 텍스트와 그림으로 이루어진 인류 최초의 그림이라는 관점에서도 고대 문명이 낳은 최고의 문화재라는것은 분명합니다.

서문에는 정의로운 사회를 건설하려는 함무라비 왕이 신에게 약속하는 엄숙한 기도문으로 시작하는데 그 내용은 현대 국가들의 헌법 서문과 다를바 없습니다.

'나 함무라비는 신을 경외하는 왕으로서 신의 부름을 받아 태양신 사마슈가 이 세상에 빛을 준것처럼 국민의 행복을 위해 이 세상에 정의를 주노라. 그리하여 강자가 약자를 억압하지 않도록.' 본문은 282개 법조문으로써 민사, 형사, 경제, 행정, 가족, 의료 등 일상생활 전 영역에 걸쳐있습니다. 에필로그는 '위대한 신들은 정의의 왕으로써 나를 불렀도다. 강자가 약자를 해치지 않고 과부와 고아를 보호하기 위해 지상에 정의를 가져오며 모든 분쟁을 해결하고 모든 상처를 치유하기 위해 이 귀한 말을 나의 모습과 함께 새겨두니 후대의 왕들은 내 이름을 기억하라'면서 에필로그에 새겨진 함무라비 왕의 뜻은 마음에 와닿습니다.

4천년 전 비문에 새겨져있는 고대사회의 관례와 전통 일반 사람들의 생활상을 알 수 있는 인류에게 너무 귀중한 자료입니다. 그러므로 함무라비 법전 비문은 예술적 가치는 물론 학술적 가치로도 유례가 없는 독보적인 문화재인 것입니다.

기원전 1158년 엘람왕국(이란)의 슈트르트 나훈테 왕은 바빌로니아(이라크)를 침략하였고 이때 함무라비 법전 비문을 약탈해갑니다. 4백Km의 산악지대와 티그리스 강까지 건너가며 무려 4톤에 달하는 돌덩어리 비문을 약탈해 옮겨 간것은 빼앗은 지역에 대한 정복자의 무제한적 권한으로 이뤄지게됩니다. 특히 이 비문의 일부까지 임의로 지워버리고 엘람 왕국(이란)의 승전 사실을 새겨넣으면서 전승 기념비 형태로 변형시켜서 3천년동안 이란의 신전에 전시한 것입니다.

이렇게 약탈해간 바빌로니아의 함무라비 법전은 바빌로니아를 정복했다는 사실을 기념하는 증거일 뿐만아니라 바빌로니아 문명의 소유자이며 계승자라는 것을 의미합니다. 그리스, 이집트, 메소포타미아 문화재들을 약탈해간 유럽 나라들은 그들의 박물관에 버젓히 전시해놓고 고대문명의 계승자임을 자처합니다.

19세기초 유럽 제국주의 나라들은 서구 문화의 뿌리를 찾아 비유럽 지역을 샅샅이 뒤지며 고대 유적지들을 발굴하는것이 대유행이었습니다. 비유럽 지역에서의 문화재 획득은 정치적, 문화적 영향력을 상징하는 만큼 문화재 쟁탈전은 전쟁만큼이나 치열했습니다. 이집트에서 발견한 로제타 석 Rosetta Stone 을 영국에 빼앗긴 치욕을 만회하고자 공을 많이 들이던 프랑스는 1895년 드디어 페르시아 지역에서 독점적 발굴권을 획득합니다. 당시 초호화 유럽여행을 다니던 페르시아 왕이 돈을 더 마련하기위해 이란에 묻혀있던 인류 최대 문화재를 프랑스에게 고스란히 팔아넘긴 셈입니다. 엄밀히 보면 프랑스는 페르시아 왕에게 발굴권을 획득한 후 직접 찾아내서 프랑스로 갖고온 것입니다. 이러한 프랑스 독점 발굴권은 영국 항의와 이란 반발로 1927년에 끝납니다.

과거에는 전쟁에 의해 외국 문화재를 약탈하여 훔쳐가는것이 국제관행이었지만 이러한 전시 약탈행위는 나폴레옹 전쟁이후 유럽에서는 폐지되었고 약탈문화재는 반드시 반환해야 한다는 국제관행이 새로 성립되었습니다. 그렇지만 18세기부터 20세기까지 유럽제국 나라들이 비유럽지역에서 약탈해간 문화재들은 아직도 반환이 이루어지지 않고 있습니다. 그들은 비유럽지역에서 약탈한 문화재들은 훔쳐온게 아니라 전쟁중 파괴되지 않도록 또는 현지인들의 무지에서 파괴되지 않도록 보호차원에서 문화재들을 구출해온 것 이라는 기괴한 주장을 하며 아직도 돌려주지않고 보관중 입니다.

프랑스로서는 함무라비 법전의 경우 당시 이란과 협정에 의해 합법적으로 발굴해서 취득한 것이기에 현재의 이슬람국가(이라크&이란)들이 프랑스에게 내놓으라고 요구할 아무 근거가 없다고 쐐기를 박았습니다. 그래서 이라크가 함무라비 법전은 원래 자기네 것이니 돌려달라고 프랑스에게 말해도 꼼짝도 안하는 것입니다.

OHW : 개인적으로는 마음에 드는(눈에는 눈. 이에는 이) 내용의 함무라비 법전은 잘 모르면 잔인하게 보이지만 더 큰 복수를 금지시키고 비슷한 복수는 허용했다는 점에서 절제있는 고대법이기도 했습니다. 이 같은 법 원칙의 균형은 기원전 1760년경 고대 메소포타미아 지역에 이미 큰 문명이 존재했다는 것입니다.

36. 리더가 멍청할때

끊임없이 주변과 경쟁하고 꿈에서도 일에 미쳐있는 직원을 사랑해마지않는 멍청한 리더들은 '진실을 가치있게 여기며 일하는 사람을 안티로 취급하며 언제나 곁에서 아첨을 떨어주는 인간을 매우 사랑한다는것'이 장프랑 마르비옹의 최신 연구결과입니다.

리더는 원하든 원하지 않든간에 비굴한 아첨꾼들로 주변이 둘러싸여 있습니다. 그렇기 때문에 현명한 리더라도 오랫동안 지혜롭게 행동하는 것은 힘들어지죠. 지속적으로 들이대는 아첨꾼들로 인해 점점 더 고질적인 멍청이로 변해가게 됩니다.

권력을 행사하며 타인을 무시하는 방식에서 우리는 모두 공통점을 발견할 수 있습니다. 우리 모두 예외없이 때로는 비열한 멍청이가 될 수 있다는 것입니다. 비열한 멍청이는 자아도취에 잘 빠지고 권모술수에 능하며 더 많은 이득을 얻는데만 신경을 곤두세우며 측근 정치를 통해 듣기 좋은 말만 골라듣기를 즐기고 일상적인 아첨을 듣지않으면 불안하기까지 하게되어 아첨꾼을 찾기에 급급하죠. 총명한 리더가 이렇게 변질되면 타인을 완전히 배제(무시)할 수도 있습니다.

권력이 누군가를 멍청이로 만드는 걸까요? 멍청이들이 권력을 더 갈망하는 것일까요? 심리학 연구를 보면 권력을 많이 가질수록 공감능력은 줄어들고 개인적 욕구는 늘어난다는 것을 알 수 있습니다. 그렇지만 조금더 깊이 생각해보면 권력은 자제심을 느슨하게 풀어주기 때문에 인성이 더 쉽게 드러나게 한다는것을 알 수 있습니다. 멍청이가 권력을 차지할때도 있지만 멀쩡한 사람도 권력을 갖게되면 이렇게 멍청이가 될 수 있습니다. 권력은 사람을 타락시키기도 하지만 이미 존재하고있는 멍청함을 거리낌없이 드러나게 해주기도 합니다.

기업에서 경영자 능력이 출중하면 때때로 그가 멍청한 행동을 해도 한두번은 참아줄수 있지만 반복되는 멍청함앞에서는 멍청한 리더 외의 구성원 모두 고통받게 됩니다. 상대의 눈을 바라보지않고 하는 소통은 공감을 이끌어내기 어렵습니다. 그래서 온라인 상에서는 거침없이 악의를 드러내는데요. 막상 대면하면 그렇게 못하죠. 그야말로 야비한 멍청이들이죠. 리더가 대면하는 자리를 피한다면 이렇게 대중들에게 악의를 쉽게 드러내게 됩니다. 상당히 위험해지죠.

우리 모두는 우리의 악한 면을 끄집어내려는 사람들때문에 실수를 저지를수 있습니다. 그들을 하찮게 취급해서는 안되지만 그들에게 힘과 권력을 쥐어주는 방관적 행동은 하지않아야 합니다. 멍청이가 권력을 쥐게되면 총구 방향을 종잡을 수 없게되며 자다가도 벌떡 일어나서 즉흥적으로 뭔가를 해대는 바람에 주변의 모든 사람(국민)이 힘들어지게 됩니다.

OHW : 정치는 삼류 경제는 이류 시민은 일류라는 나라가 어디일까요?

37. 휴브리스

우리 인간의 역사를 추동하는 핵심은 '어리석음. 무지' 일 것입니다. 교육이라는 가면을 쓴 그릇된 지식을 성장기내내 습득하여 고착되면 오만과 편견으로 쏠리게 되고 이러한 인지력은 상호 뗄 수 없는 관련성마저 부정합니다.

이렇게 성장기에 잘못 세뇌된 어리석음과 무지는 편향된 체 논스톱으로 내달리며 이데올로기, 홀로코스트, 종교 갈등, 테러, 인종 차별, 양극화, 자기 기만으로 인류에게 재앙을 가져다 주는 것 조차도 모르고 살아갑니다. 어리석음은 집단 선동에 취약하고 무분별한 열광을 하며 그속에는 늘 분노가 도사리고 있습니다. 이러한 어리석음으로 인해 자기가 무엇을 만들고 있는지 역사에 무슨 짓들을 하고있는지를 도저히 알 수 없고 알고 싶어하지도 않은 인간들은 결국 자기 눈앞의 현실조차 제대로 판단하지 못하게 됩니다. 사람들의 무지와 어리석음은 그 누구도 원치않는 사건을 일으킨다는 행동생태학적 사례는 많습니다.

쉬운 사례로 세계 1차대전인데 오스트리아 대공 프란츠 페르디난트가 1914년 6월 암살당한 한달 뒤 독일에 의해 개전된 후 곧 세계 1차 대전으로 확전되어 무려 유럽인 2천만명이 목숨을 잃었습니다. 이러한 역사에는 무지와 부분별 그리고 어리석은 판단이 작동한 것인데 더 큰 문제는 불치적 상황으로써 현재도 지구 곳곳에서 규모만 작을 뿐 반복되고 있다는 것입니다.

역사학자 니콜라스 탈레브는 '블랙 스완'에서 주장합니다.

'그저 단순하게 1914년 세계 1차 대전이 터지기 하루 전 날 여러분이라면 여러분이 이해하고 있는 세상에서 앞으로 그런일이 벌어질 것이라고 상상이나 할 수 있었겠는가? 1933년 히틀러의 지지자들은 홀로코스트를 상상조차 하지 못했다. 2003년 이라크 전쟁을 일으킨 조지 부시와 매파는 그 전쟁으로 인해 이슬람 무장단체가 활개를 치도록 훌륭한 빌미를 제공할 것이라고 상상이나 했겠는가? 오늘날 모든 사람들은 가당치 않은 이유로 결국 그 지역에 재앙을 불러온 전쟁을 일으킨 것을 후회하고 있다'

권력과 부를 향한 수컷들의 휴브리스(오만)는 오늘날에도 정치, 경제, 사회, 문화 모든 분야에서 여전히 힘을 과시하는 중입니다. 종교계도 예외는 아닙니다. 중세시대부터 몰두한 첨탑 더 높이 세우기 경쟁은 지금도 여전하죠. 신의 논리가 아니라 인간의 욕망으로 지어올리는 건축물에는 대성당의 크기와 장엄함은 신이 아닌 주교나 사제의 오만한 자존심을 채워줄 뿐입니다. 신은 그렇게 높고 큰 집을 원하지도 않고 필요도 없습니다. 무엇이든 과한 것들, 과대하게 건축물을 세우는 행위, 고대 피라밋, 콜로세움, 베르사이유 궁전, 자금성, 에펠탑 등 이러한 건축물을 세우는 동인은 비범한 예술성에 비롯되는 것이 아니라 실제 인간의 오만과 야망, 질투, 시기, 세속적 욕망때문에 전 세계 곳곳에서 일어납니다.

세계에서 가장 크거나 최초라는 수식어를 위해 별 짓 다하는 지자체들을 한번 보십시요. 이러한 도를 넘은 욕망들은 어리석은 역사를 만들기에 충분한 추동력을 갖게 되고 결국 그들은 사고를 치게되며 크든 작든 인류 역사를 비극으로 빠뜨리는 것입니다. 그래서 지각을 일깨우고 절제하는 삶이 되어야 하는 것입니다.

OHW : 인간사에서 어리석음의 지분은 늘 악의 지분보다 크다는 윈스턴 처칠의 단 한 문장이 긴 글보다 더 또렷합니다.

38. 지독한 편견

우리가 사는 세상에 널리 퍼져있는 남성우월주의와 여성차별 제도는 아직도 많이 쌓여있어서 이것을 걷어내는데만 수백년이 걸리는 중입니다. 인간이 왜 이리도 같은 인간에게 지독하게 대할까요? 정치, 경제, 사회, 문화, 종교까지 합세한 남성우월 문화는 그들만의 리그를 구가하며 전성하다 최근와서 변화되며 다소 의기소침한 듯 보이지만 성차별의 구조적으로 고착되어버린 본질은 여전합니다.

진화의 과정을 거치면서 여성들이 출산과 수유를 하는 기간을 남성은 육체적 근력의 우월함을 발휘하여 여성을 보호하는데 그치고 존중해야하는데도 여성을 아예 남성의 소유물로 여기고 여성의 지위를 통제하면서 나머지 권력도 모조리 차지하고야 말았습니다. 역사학자들의 증언은 원래 태초의 신은 여자였다는(과학적으로도 그러함) 그러나, 기원전 2천년경 고대신들은 우주를 창조하기 시작하며 온갖 이름의 남성 신으로 출현합니다. 메소포타미아의 엔릴, 잉카의 비라코차, 그리스의 제우스, 바이킹의 토르 모두 남성 신입니다. 이후 유일신교의 탄생으로 인해 세상 창조의 신화적 권력마저 남성의 손으로 완전히 넘어갑니다.

그래서 종교는 심각한 성차별을 내포하고 있습니다. 아담의 갈비뼈에서 창조된 이브는 악마의 꾐에 빠져 아담에게 원죄를 저지르게하는 사악한 요부로 묘사합니다. 그리고 우리나라가 존중해마지않는 중국 공자의 유교는 정의와 존중이라는 메시지를 담고있으면서도 여성들에게는 삼종 三從(여성이 결혼하기 전에는 아버지를 따르고 결혼해선 남편을 따르고 남편이 죽은후에는 아들을 따라야 한다는 관례)과 사덕 四德(살림이 뛰어나야 하며 용모는 단정해야 하고 말은 예의가 있어야하며 마음은 정순해야한다는 도덕을 강요)을 각자 고유 인격체로 독립적으로 성장해야하는 인간인 여성에게 국가적으로 세뇌하듯 교육을 강제한게 사실입니다.

이슬람교는 여성혐오적인 '하디스' 예언자 무함마드의 언행 전승을 통해 여성에게 사업을 맡기는 민족은 절대 번성하지 못한다고 설파합니다. 힌두교는 여성들이 오만하고 게으르며 음탕한 존재로 치부를 하며 여성은 남성의 통제를 받아야 한다고 주장합니다. 4세기경 중국 유교의 영향을 받은 일본 봉건주의 사회의 남존여비 사상은 '남자는 존중하고 여자는 천대하라'고 가르칩니다. 이렇게 세상의 온갖 종교들은 여성을 성차별하는 마인드로 똘똘 뭉쳐서 수천년 동안 일사불란하게 행동하며 위세를 떨칩니다.

대혁명을 거치며 인권의 장을 연 프랑스마저도 자연은 여성에게 집안을 돌보는 임무를 부여했고 수유를 할수있게 유방을 주었다는 몰상식한 말을하며 박식하고 식견있으며 재치있는 여자에게는 자유사상가라며 조롱하고 같은 인간 평등을 원하는 여성해방의 분위기를 차별적 시선으로 냉담하게 탄압하며 박대합니다.

오늘날에와서야 제대로 인정받은 '에밀리 뒤샤틀레'는 당시 악의적인 비난을 받았습니다. 뉴턴의 저작을 번역하고 고유한 연구로 물리학에 기여한 그녀를 볼테르의 연인 정도로만 치부한것을 탈피한 것입니다. 20세기에 들어서도 상황은 여전했습니다. 위대한 화가였던 프리다 칼로는 오랫동안 디에고 리베라의 연인으로만 이름이 남아있어야 했고 계몽주의 시대에는 프로이센에서 폴란드 스웨덴에서 러시아 일본에 이르기까지 여성 지식인들이 두각을 나타내기 시작 했지만 이것 또한 표면적이며 전혀 변한건 없었습니다.

철학자 루소는 여성들을 '아내와 어머니로써 문명을 전파하는 것'에 그치도록 개념화했고 게다가 '에밀'에서 루소는 본인의 아내 소피가 주어진 일에 충실한 현모양처 되는법을 배워야 한다고 주장함으로써 다른 남성들과 마찬가지로 여성의 사회적 인격과 역할에 대해 성차별적인 입장을 드러내면서 루소의 위대한 학문적 업적은 빛이 바래집니다.

루소에게 여성은 돌이킬 수 없는 선천적인 열등성에 시달리며 사회에는 해악만 끼치는 존재였습니다. '여성 지식은 남성의 사회적 지위를 침범하지 않는 선에서만 허용된다'는 이반 자블론카의 주장은 결국 여성의 지식은 여가생활을 위해서만 허용되었다는 것입니다. 19세기 페미니즘은 성적문제가 있는 남성들이 겪는 질병을 일컫는 말이었습니다. 여성들의 투쟁과 그 결과로 쟁취하는 것들이 점점 많아지면서 페미니즘은 성차별을 없애기 위한 투쟁의 용어로 변했습니다.

참정권을 얻기위한 여성의 투쟁. 서프러제트 운동은 비웃음과 모욕을 당했습니다. 당시 경찰의 사건보고서에 묘사된 말은 이렇습니다. '광증과 히스테리 증상을 여성들이 보인다. 이 병때문에 자신이 남성과 동등하다고 착각하는 듯 하다'

투표권을 요구한 여성들을 미치광이 취급했던 것입니다.

19세기말 접어들면서 점진적으로 여성들의 인권과 권리가 해방되기 시작하자 이제는 여성들의 '어리석음을 구실삼아 공적인 분야에 여성들이 접근하지 못하게 하는 여성 혐오가 판을 치고 있습니다' 여러분들이 잘아는 지식인 영국 소설가 D.H. 로렌스는 이렇게 기술합니다. '여자들이 말대꾸를 하도록 내버려 두면 어떻게 될까?'라는 허튼 소리를 하며 부부관계를 위험에 빠뜨릴 것이다. 여자들에게 바깥 일을 할 수 있게 해주면 집안일은 거들떠 보지도 않고 자신이 남자라도 된 양 행동할 것이다. 라고 합니다. 당대의 식자라던 사람이 가진 사고였습니다.

지금은 당연한 모든일에 대해 여성들이 시도를 하기에는 장벽과 고통이 많이 뒤따랐습니다. 프랑스 최초 여성 의사인 마들렌 브라스는 혼자힘으로는 절대 불가능했으며 황후와 교육부장관의 합동지원까지 등에 업고서야 비로소 시험에 응시할 수 있는 자격을 얻게되었습니다. 의사 면허를 취득한 후에도 1868년 그녀에 대한 신문기사는 모욕적입니다. '여성이 그렇게 의사가 되면 그녀에게 무엇이 남을까? 그 여자는 그때부터 소녀도 여성도 아내도 어머니도 아닌 존재일것이다' 들을수록 기가 막힌 언론의 보도 내용이죠? 얘는 누가 키우지? 라는 말을 하는 남성들은 모두 한통속으로 저열(비열)합니다. 그들이 내뱉는 마초적이고 온갖 자잘한 발언은 얼마든지 더 있기에 굳이 언급하지 않아도 아실겁니다.

여기서 끝이 아닙니다. 지구상의 몇 몇 국가에서는 하례라는 지독한 짓을 아직도 행하고 있고 부르카를 뒤집어 씌우며 최고 지성이라고 믿는 철학세계에서도 여성 차별은 흔합니다. 철학계에서 여성혐오의 금메달은 쇼펜하우어입니다.

칸트도 둘째가라면 서럽죠? 그는 교양있는 여성은 책을 마치 시계처럼 사용한다. 남에게 보여주려고 시계를 차고있을 뿐 평소에는 그 시계가 제대로 작동하는지 시간은 맞는지 신경조차 쓰지 않으면서라고 합니다. 대단한 차별 관념을 가진 사람들 이었습니다. 여성들에게 참으로 암울한 시대가 오래되었습니다.

그와는 반대로 여성의 종속성을 논하며 비판적인 시각을 드러내며 깨어있던 철학자들도 있습니다. 콩도르세, 샤를 프리에, 오귀스트 콩트, 존 스튜어트 밀, 카를 마르크스, 존 듀이가 그런 철학자들 이었습니다.

OHW: 세상에는 별의별 저질 인간들이 살고있습니다.
　　　부디 지혜로운 인식을 가진 이들이 더 많아지기를

39. 호모 콘트랙투스 Homo Contractus

규제받지 않는 사회는 존재하지 않고 규제받지않는 자본주의도 없습니다. 모든 형태의 경제활동은 어떤식으로든 규제를 받게됩니다. 왜 우리를 사사건건 통제하는 계약과 법과 규칙이 이렇게 많은지 문제를 제기하는것은 좋은 질문이 될 것이지만 신고전파 경제학에서 제시한 인간형태 호모 이코노미쿠스 '경제적 인간'은 이제 치명적으로 병들었고 인공호흡기를 끼고 겨우살아가고있는 상태입니다. 그들이 주장하고 자랑하던 경제적 인간은 또다른 희생대타가 나오기전에는 죽기 전까지 계속 갚아야하는 '빚을 진 인간'이 되었고 빚은 그들을 거의 죽일 정도로 짓누르고 있습니다.

이것은 '경제적 인간' 호모 이코노미쿠스가 결국 '계약하는 인간' 호모 콘트랙투스로 또 한번의 탈바꿈이 벌어진 것입니다. 계약이란 법적 구속력이 있는 서류를 말하는데 신고전파 경제학자들과 법률가들은 계약을 좋아합니다. 특정 시점에 사람을 묶어두고 그로부터 훨씬 더 미래까지 그의 삶을 추적할 수 있는 방식의 합의가 가능해지기 때문입니다. 가령 계약서에 서명한 이상 학자금 대출 변제에서 도망칠 길은 없습니다. 그리고 시민에 대한 책무성 따위는 내팽개친 위기의 자본주의 아래에서는 개개인들이 각자 이익을 따지며 고립적으로 계약을 하게 됩니다.

계약(contract)의 어원인 콘트라헤레(contrahere) 여기에서 콘(con)은 함께라는 뜻이고 트라헤레 (trahere)는 당기다. 라는 뜻입니다.

경제 불평등과 빈곤은 모든 법적인 합의에 모종의 의무적인 부가 사항이 더해지게 만드는 구조적인 요인이 됩니다. 계약서에 명기된것 이외에 다른 서비스도 제공되리라는 것이 암묵적으로 승인된다는 것입니다. 계약의 공식적인 측면이 당사자를 계약서에 묶어놓는다면 계약의 비공식적인 측면은 그 당사자가 추가적인 사용 가능성에도 무조건 열려있어야 available함을 의미합니다.

국가가 공공적인 제도보다는 징벌적인 제도를 우선 재구성하면 부유한 사람의 이익만 지원하고 나머지 모든 사람을 괴롭히고 있는 상황의 악순환이 발달하며 이는 계층 위계의 밑바닥까지 이어지게 됩니다. 노동 빈민층과 중산층은 무정한 국가와 가장 가혹한 방식으로 만나는 상황을 피하기위해 주로 사적 경제의 어두운 그늘로 도망치는 방식으로 갖은 노력을 기울입니다. 이러한 매커니즘은 호모 콘트랙투스가 정말로 스스로를 잘 돌보고 있는 것과같은 착시를 일으키게 하면서 공공영역은 점점 더 축소되는 것입니다.

오늘날의 세계는 가장 부유한 단 1%가 지구상 전체 부의 92%를 갖고 있습니다. 나머지 8%를 가운데 놓고 나머지 지구상의 인간들 99%가 잠도 줄이면서 쟁탈전을 하고있는 상황이니 안굶어 죽고 사는것만 해도 정말 다행일 정도로 어이가 없습니다. 이렇듯 경제적인 불평등을 극단적으로까지 강화시킨 신자유주의 시장 논리는 약화되기는 커녕 점점더 강화되고 있습니다. 이런 무지막지한 세상에서 개인들의 경제적 자력을 올리지 못하면 노예같은 인생처럼 살아도 주변 모두가 그러하다면서 당연하게 받아들이는 것입니다.

깨어나고 극복하는데는 개인들이 공부하고 배우려는 태도와 의지가 필요합니다.

세상의 기득권이 개개인들에게 이러한 배움과 사유의 시간을 단 한시도 허락하지 않고 숨쉴틈없이 조아대는 이유를 이제는 알아야 합니다. 이렇게해서 공공 민주주의는 슬픈 황혼길에서 길을 잃은체 표류하고있고 우버화 추세속에 고립된 개인주의가 부상하게 된것입니다.

끔찍하게도 탈인간화된 사회에 둘러싸여 딱맞는 연줄에 의존하는 현상황에 처한 귀결은 인간에 대한 견고한 믿음이 파괴되며 지속적으로 경쟁하는 구조를 필연적으로 유지하게 되면서 이는 자본이 원하는대로 완전하게 고착화 된 것입니다.

OHW : 피터 플래밍의 주장에 대해 공감하는 부분은 깨어나는데는 공부가 필요하고 극복하는데는 의지가 필요하다는 것입니다.

40. 심플·슬림해야하는 이유

공공 영역과 민간 영역 모든 곳에서 우리가 겪는 불편, 부당한 것들은 주로 크기의 문제에서부터 비롯되며 조직이 비대해지면 의사결정권자가 그 결정에 영향을 받는 사람들로부터 너무 멀리 떨어져있게 됩니다.

수도 행정중심에 모인 사람이 전국 각지의 세세한 차이들을 잘 알 수 있을까요? 파악한다고 해도 제대로된 의사결정을 적기에 할 수 있을까요? 이런건 상식이므로 굳이 연구결과로 증명 안하더라도 알 수 있습니다.

어떠한 조직이라도 극적으로 슬림화 시키고 필요 기능만으로 작아져야 합니다. 국가나 기업. 정치인과 관료들에게 마찬가지로 적용되어야 하는 룰입니다. 그들도 다른 모든 사람들처럼 자신의 인센티브를 가장 중요하게 생각하고 극대화하려 하기 때문입니다.

최초 얼마나 민주적이고 얼마나 공공 국민들의 이익을 신경 썼던간에 종국에는 모든 조직은 책무(책임)를 지지않게되고 사실상의 기득권으로 변질되어 상층부를 차지하고마는 과두적 체제의 형태로 귀결된다는 사실을 직시하고 인정해야 합니다.

슬림해진 관료조직은 거대한 관료조직보다 양질의 서비스와 재화를 제공 할 수 있습니다. 어떠한 조직이든 규모가 점점 더 커지면 권위주의적인 지배층이 형성되고 조직 구성원과 고객(사용자) 양쪽 모두에게 탈인간적이 되는 매우 나쁜 행태를 보입니다.

조직이 거대해질수록 자기 영속에 더 관심이 있게되며 공공의 목표나 조직의 전략적 비전에는 실제 관심이 그다지 없게 됩니다. 속으로부터 곪아 들어가게 되는 것입니다.

공직자들이 공공 의제에 대한 무한 책임의식을 가졌다는 착각은 하지마시기를 바랍니다. 그들은 공익에 복무하는 사람들이 아니라 다른 모든 사람들과 다를 바 없이 자기 보존적이고 자신을 위해 생존자원(급여·이익)을 챙기는 인센티브를 가진 존재로 봐야합니다. 청백리를 실행하는 공직자는 더이상 존재하지 않습니다. 청백리 의식을 추구하는 자만 간혹 있을 뿐입니다.

아이러니하게도 거대한 조직일수록 자기들도 잘 모르는 각종 규제와 규칙. 관료적인 절차들속에서 자기들끼리 시끌시끌하게 번성하는것 처럼 보입니다. 이유는 다양하고 폭넓은 범주의 사람들 모두에게 일관성이 있어야 하기때문일 뿐이며 그들이 이뤄낸 효율화는 아닙니다. 가장 인간적인 규모는 개인과 그 가족단위 입니다. 거대 관료제와는 달리 큰 사회는 권력과 지배의 분산이라는 완전히 상이한 원칙을 따릅니다. 개개인이 스스로 후생에 대한 책임을 지며 민첩하고 진정성있는 지역적 네트웍을 구성해 가까운 사람에게도 제공할 수 있습니다.

국가와 기술적 관료집단은 결코 풀뿌리 네트웍이 달성할 수 있는 만큼의 스피드와 수용성을 달성할 수 없습니다. 조직의 슬림화로 효율적인 업무가 이뤄지게되면 그 아젠다는 점점 더 명백하게 공공의 지출(세금)도 줄이면서 효율적 역할은 한층 강화되는 체계로 점진적으로 나아갈 수 있습니다.(그런데 이렇게 안합니다. 기존의 거대한 관료집단 기득권은 철근 가득 든 시멘트 기둥처럼 공고하죠)

그리고 때만되면 우리 사회를 재구성해대는 이데올로기에 어설프게 빠져들면 안됩니다. 이데올로기에 휩쓸리게되면 대개는 안좋은 방향으로 과몰입되며 비효율화 됩니다. 개인이든 집단이든 쓸데없는 흑백 편견 떼내고 담백하게 나아가야 합니다. 그렇게 해야만 국가의 공공영역이 약해지지않고 무법적인 영역은 축소되고 약자들은 보호받으며 최소한의 인권이라도 누리게 되는 것입니다.
이렇게 간단한 약속조차도 한국은 어렵게 진행됩니다.

국가 공무원 제도가 강화되고 수가 과다해지면 그 폐해는 모두 국민들이 평생 짊어져야 합니다. 지금 휘청거리는 유럽 국가들은 과다한 공공 관료제 때문입니다. 관료가 많아지면 관료제도권 외까지 그들만의 기득권이 강화되면서 결국 본질인 국민들을 위한 공익적 업무가 아니라 그들 조직의 이득을 위한 방어와 이익만을 아주 집요하게 챙겨가게 되므로 국가재정 적자는 늘어나면서 결국 파탄으로 몰고가게 됩니다. 그누구도 국가의 재정적자와 채무에 대해서는 책임지지 않게 되므로 결국은 IMF같은 국가부도가 또다시 올 수 있게 됩니다.

지금 외국 전문 기관들이 계속 강하게 한국에 대한 워닝을 연속으로 해도 전혀 듣지않는 것은 이미 이들은 내가 재직하는 동안만 문제가 안터지면 된다라는 치료가 아닌 임시 봉합식의 무사 안일함이 팽배하기 때문입니다. 이런걸 보면 우리국가는 망조가 든 것이기에 크게 걱정됩니다.
관료제가 왕성하게 발달한 지금의 한국은 각종 거미줄같은 규제로 마음만 먹으면 언제든 기업들의 목줄을 잡을 수가 있고 그 규제의 힘을 휘두르며 안보이는 뒷거래까지 늘 성행합니다.(재취업, 사외이사제, 연구용역비, 접대골프, 고문 등) 겉으로 보기에는 부드럽고 민주적인것 처럼 보이지만 합리성을 가장한 부자유와 처절할 정도의 갑과 을이 숨겨져 있는 것입니다. 그들의 갑과 을 놀음에 늘 피해를 입는건 국민들입니다.

기업이나 공공기관의 규모가 비대하게 커지게되면 그것들은 애초에 세워진 목적을 질식시키고 곧 이어 사회 자체를 위협하는 독점적인 요인으로 변모하게되고 브레이크 없이 질주합니다. 부가가치를 생산해내는 조직이 아닌 관료제 공무원 집단의 비대함은 결국 생산적인 집단(기업)을 지원하는 서포트 역할을 하는게 아니라 기업들 위에 올라타 앉게 되면서 이권을 먹이로 삼아 더 커지게되고 우리 사회를 질식시킵니다.

사실상의 독과점 체계와 기득권들의 공고한 협업 체제(정부, 기업, 언론)는 지금도 형님 먼저 아우 먼저 가짜 명제를 흔들어대고 늘 들이대면 통하는 단어인 공정과 정의를 앞세우며 부당한 거래를 시도때도없이 백주대낮에도 주고받는 한국 사회이기에 겉으로는 민주화로 포장되었지만 제살깍는 자기학대 사회로 변한 것입니다.

OHW : 천박한 기득권이 원하는대로 완벽하게 하등한 자본주의 세상이 된것입니다. 오늘도 30년, 40년, 50년 말도안되는 모기지로 영혼까지 끌어대는 큰 빚내서 집을 사러 덤벼드는게 일상처럼 되어버린 나라. 아무리 좋게 볼려고해도 정상이 아닌데 무심하고 당연하게 여기게된 사회적 분위기는 경제부터 모든것이 일순간에 다 무너질 것 같은 상황으로 느껴집니다.

41. 노동과 문화

현재의 산업 환경에서 개인은 전적으로 그가 하는 일을 통해서 규정되어 진다는 것은 팩트입니다. 그 사람이 하는 일이 무엇인가에 따라 보이지않는 암묵적인 인간 계급(층위)이 저절로 분리되듯 나눠지는걸 부정할 수는 없습니다. 인간존엄은 어디에나 이론적으로는 존재 하지만 인간에게 내재되어있는 크고 작은 욕망과 결핍을 채우고 커버하는 우월감을 느끼게하는 과시적 서열은 그가 하는 일에 의해 사회적인 객관화 기준으로 확정됩니다.

최상위 0.1%를 제외한 99.9%의 인간들은 결국 노동을 하면서 살아가야하므로 노동은 삶의 모든 면에 스며들었으며 자연스럽게 우리가 하고있는 일이 우리를 표현하게 되는 수단이 되었고 자연스럽게 우리 그 자체가 되는 것입니다.

초기 산업화 시대의 공장 노동자들의 일터 역할들은 퇴근시 공장에 놔두고집으로 오지만 현대 산업사회에서의 노동자는 어찌보면 24시간 내내 일터에서의 긴장과 책임을 갖고 살아가도록 분위기가 잡힌 틀 속에 있는 시대입니다.

이들에게 요구되는 사항은 일터를 벗어난 지극히 개인적인 시간들에게까지 더 깊숙하게 확대되고 있습니다. 영화 '오피스 스페이스'에서 보여주듯이 고용주는 당신이 제공하는 노동시간만으로 만족하는 것이 아니라 실제로는 당신 자신의 영혼과 함께 플레어(flare)까지 당당하게 요구하고 있으므로 질식할 것 같은 노동 상황은 상사나 부하직원할 것 없이 봉급 생활자인 그들 모두에게 끊임없이 파고들며 괴롭혀서 좌절과 패배의식과 무한 반복되는 경쟁을 일으킵니다.

이렇게 쉬지않고 변화무쌍하게 서열화 시키는 구조로 인해 더이상은 건전한 감시 작용을 하는 외부가 존재조차 하지 못하게되고 그들의 위치가 올라가며 승진을 하면할수록 저항은 더욱 무용하다는 틀속에 자발적으로 갖힌 인간이 됩니다.

이러한 생각과 다른 사유를 하게될때의 괴리는 분절적인 구조로인해 주체자로서의 한계를 깨닫게 되는데 지력있는 자들은 그러한 매순간 고통을 절감 합니다.

오늘날의 후기 자본주의 지배층 고용주들의 핵심 논리로 활용되는 뱀같은 말은 공식적으로 노예제도 처럼 노동을 강제할 수는 없으므로 합법적으로 노동자들을 착취 가능한 방법으로 노동자들은 언제나 본인의 자유의지를 드러낼 수 있다라고 하며 개인의 자유를 마음껏 노래하라고 하되 실제로는 노동 현장에서 단 한번 '노'라고 답했을 때 지속적이고 끈질기게 발생하는 끔찍한 경제적인 결과에 대해서 심각하게 우려할만한 결과물을 만들어서 많은이들에게 환하게 보여줌으로써 더이상은 '노'라고 말할 수 없는 환경을 만듭니다.

OHW : 말만 노예가 아니지 실제 월급 받는 노동자들은 대부분 약한 노예제에 산다고 보면 됩니다. 정기적인 월급과 개인의 시간을 바꾼 것이죠.(근로시간내 그 모든)
신자유주의 시장에서 형성되는 이기적인 개인은 '시달리는 개인'에 대해 너무 잘 알고있는 영리한 자들로써 그들은 자기보호 방법 중 하나로 이기적 개인을 선택하게 된 것입니다.

42. 적을 만들다

외부의 적과는 가끔 싸우면 되지만 내부의 적과는 계속 싸우게 됩니다.
적을 가진다는 것은 우리의 정체성을 규정하기 위한 것일뿐만이 아니라 우리의 가치체계를 측정하고 그 가치를 드러내기위해 그 것에 맞서는 장애물을 제공한다는 측면에서도 의미가 있습니다. 따라서 적이 없다면 만들어낼 필요도 있는 것입니다.(움베르토 에코)

다른 사람을 이해하려고 노력하는 것은 다름을 부정하거나 무시하지 않는 것이자 우리의 고정 관념을 파괴하는 것입니다. 많은 민족들의 교류가 활발해지면서 적은 새로운 형태를 띠게 됩니다. 적은 외부에만 있는게 아니고 내부에서도 이상함을 드러내는 자. 복종하지 않으며 분명하면서도 자연스럽게 무언가를 거부하는 완고함을 가진 자들로써 대다수 어리석은 군중들과는 확연하게 다르므로 이질적인 소집단으로 분류되며 바로 이러한 자들은 집단의 적으로 간주됩니다.

적 그리스도가 된다는 것입니다. 기독교가 탄생한 이후 기괴스럽고 냄새나는 존재로 묘사되는 유대인들은 안티그리스도 모델이 되어 신의 적으로 간주되며 유럽 전지역에서 온갖 박해와 학살까지 빈번하게 당하는 원인이 됩니다.

인간 내면에 심어져있는 악에대한 현실을 직시해야 합니다. 적을 이해하려는 이러한 노력은 우리의 가장 내밀한 충동과는 아주 다른 방향입니다. 인간들은 대부분 전쟁을 반대하지만 전쟁이 불가피하다는 견해도 있습니다. 전쟁이 일어나기 위해서는 싸워야 하는 반대쪽의 적이 필요하므로 전쟁으로 적을 단숨에 규명하고 만들어내는 필연성과 일치한다는 논리를 펴게되는 것입니다.

인간사회의 조화로운 발전을 위한 토대를 마련하는 것은 전쟁 뿐이라는 견해도 있습니다. 전쟁의 조직적인 소모전은 사회의 원활한 흐름을 조절하는 배출구를 제공합니다. 공급의 문제를 해결하는데 있어서 견인하는 역할까지 합니다.
또한 전쟁은 한 공동체를 확실하게 '국가'로 인식하게 합니다.

전쟁의 견제 세력이 없다면 국가와 정부는 합법적인 자신의 영역을 설정할수도 없을 것입니다. 오직 전쟁만이 계급간의 균형을 보장하고 반사회적인 요소들을 해결하면서도 한편으로는 이용하게 됩니다.

평화는 젊은이들의 불안정과 비행을 생산하지만 전쟁은 그들에게 지위를 부여하면서 통제하기 어려운 모든 힘을 가장 정당하게 사용하는 길로 안내한다는 말도안되는 개똥같은 궤변도 있습니다.

군대는 사회에 적응하지 못한 자들과 버림받은 자들에게 마지막 희망입니다. 생명과 죽음의 힘을 거머쥔 전쟁 시스템만이 사회 조직에서 비주류에 속하는 자들도 피의 댓가를 치르는걸 능동적으로 수행하게끔 합니다.

환경적인 시각에서 보면 전쟁은 잉여 생명체들을 배출하는 배기관 역할을 합니다. 19세기까지는 전쟁에서 가장 용감한 사회 구성원들은 죽고 보잘것 없는 사람들이 살아남았다면 현대의 전쟁 기술은 도심지에 폭격을 퍼부어 이 문제 역시 해결했습니다. 전쟁에서 폭격은 살해의식, 종교적인 금욕, 사형제도의 확대보다 더 뛰어나게 인구 증가를 제한합니다. 게다가 갈등 상황이 극으로 치닫는 가운데 진정한 인본주의 예술이 발전하게끔 이끄는 것도 결국 전쟁입니다. 사정이 이러하다면 적 만들기가 쉼 없고 치열하게 진행되는 것은 인간 속성에 준하게 됩니다.

조지 오웰은 소설 1984에서 이와 관련해 탁월한 예시를 보여주고 있습니다. 다음 순간 끔찍한 소음이 마치 기름을 치지않은 거대한 기계가 굴러가듯 방끝에 있는 커다란 텔레스크린에서 터져나왔다. 그 소음에 이가 떨리고 목덜미의 머리카락이 뻣뻣해졌다. 증오가 시작된 것이다.

증오가 시작된지 30초도 안되어 방안에 있던 사람 중 절반이 억제하지 못한 분노를 터뜨렸다. 2분이 되자 증오는 광기로 변했다. 사람들은 자리에서 위아래로 펄쩍펄쩍 뛰면서 스크린에서 나오는 미칠 것 같은 염소 소리를 잡아먹을 기세로 목청껏 소리질렀다. 이 2분간의 증오가 끔찍한 것은 어쩔 수 없이 의무적으로 가담해야 한다는 것이 아니라 저절로 거기에 휘말려 들어간다는 것이다.

공포와 소름 끼치는 도취. 큼직한 쇠망치로 때려죽이고 괴롭히고 얼굴을 짓이기고 싶은 욕망이 전류처럼 모든 사람에게 퍼져서 사람들은 제 뜻과는 상관없이 얼굴을 찡그리고 비명을 지르는 광적 상태로 빠져드는 것이다.

우리가 적을 필요로 하는 존재임을 알기위해 조지오웰의 1984 광기를 들먹일 필요도 없이 각 나라로 유입되는 이민자들에 대한 두려움을 목격하고 있습니다. 이탈리아에서는 일부의 그릇된 행위를 민족 전체의 특징으로 확대하면서 루마니아 인들을 적의 이미지로 벌써부터 그리고 있습니다. 이렇게 함으로써 변화의 과정에 휩쓸려 자신을 인식할 수 없는 사회를 위한 이상적인 희생양을 준비하는 것입니다.

이와 관련해 장 폴 사르트르는 희곡 '닫힌 방 Huis clos'에서 가장 비판적인 시각을 보여주고 있습니다. 우리는 다른이들의 현존을 통해서 비로소 우리 자신을 인식할 수 있으며 여기에 근거하여 공존과 순응의 규율들이 세워진다. 그런데 우리는 다른이들에게서 못마땅한 구석을 더 쉽게 발견한다. 그들은 우리와 같을 수 없기 때문이다. 따라서 우리는 그들을 우리의 적으로 만들고 지상에 산자들의 지옥을 건설한다. 사르트르의 작품에서 3명의 남녀는 죽은 뒤에 출구가 없는 한 방에 갇히게 되고 이후 그들 중 한명이 그 곳에서 무서운 사실을 깨닫게 됩니다. 바로 가장 끔직한 지옥은 그들 서로라는 것.
즉, 타인이 곧 지옥이라는 것입니다.

얼마나 단순한지 알게 될 것이다. 순무처럼 무미한 단순함. 육체적인 고통은 없다. 멋지지 않은가? 하지만 우리는 지옥에 있다. 다른 이들은 아무도 이곳에 올 수 없다. 그 누구도 영원히 언제까지나 우리 셋만 이방에 있을 것이다. 요컨대 지옥의 형벌을 내릴 고문관도 없다. 하지만 여기에 모든 것이 있다.
우리 각각은 다른 두 사람에게 지옥의 고문과 같다.

OHW : 타인이 지옥이다라는 절대적일 것 같은 개념은 그 반대의 상대적 개념도 같이 떠올리게 됩니다. 인간에게 충분히 활동할 수 있는 공간을 만들어주기만 한다면 상충이 아닌 평화를 이룬다는 것을 상상하게 됩니다. 인간이 행복해지며 평화로워지는 것은 생각과 행동을 할 수 있는 공간에 제약을 두지않아야 한다는 것입니다.

43. 비만의 주요 원인

현대사회에서 점점더 심각해지는 개인들의 과체중과 비만에 대하여 식품업체들은 대외적으로 스포츠 단체를 직접 운영하고 후원하거나 청소년 건강에 대한 영양교육 지원등을 하며 책임을 회피하는 전략을 구사하는 중입니다. 식품업체는 비만의 원인을 제공한 1차 책임을 져야 함에도 그들은 비만과 과체중의 원인이 개인들의 운동 부족 결과라며 모든것을 개별 소비자 탓으로 돌려버립니다.

사람들이 식품업체가 만들어낸 잘못된 음식들을 아주 많이 먹는다는 사실조차 외면 합니다. 일반적인 운동으로 태울 수 있는 칼로리보다 훨씬 더 많은 칼로리가 들어있음에도 예를들어 작은 초콜릿바 하나는 바나나 세개반의 칼로리 양과 같습니다. 특히, 미국인에게 많이 보이는 비만의 주요 원인은 운동부족이 아니라 높은 칼로리 섭취였다는 것이 연구 결과 밝혀졌습니다. 이러한 연구결과는 암스테르담에서 열린 유럽 비만 컨퍼런스에서도 공식 발표되었습니다.

성인 1,399명과 어린이 963명을 대상으로 현재의 운동 태도 자료와 과거 체중 자료에 근거해서 학자들은 현재 어린이들이 1970년대 어린이들보다 덜 활동적이지 않으며 오늘날 늘어난 체중의 원인은 높은 에너지 섭취 때문이라는 분명한 결론에 이르렀습니다. 성인의 경우에는 더욱 심각합니다. 지난 30년간 스포츠 활동량이 더 많아졌지만 체중은 평균 8.6Kg 증가했다는 결론이 나왔습니다. 이 연구결과를 보면 운동량이 예전처럼 적었더라면 평균 10.8Kg 까지 증가했을 것으로 보았습니다. 그렇다고해서 운동량을 늘려서 체중을 감소할수 있다고 과신해서는 안됩니다. 체중감소 효과를 보려면 칼로리 섭취를 줄이면서 운동을 추가적으로 해야하는 것입니다.

이런 연구는 칼로리를 팔아먹고 사는 식품업체들에게 반박을 사기 마련입니다. 그래서 식품 기업들은 과체중인 사람들은 운동을 더 많이 해야 한다는 논쟁을 만들어 내면서 어린이를 걱정하는 사회 운동과 스포츠 행사를 후원하며 자사 브랜드를 어린이와 청소년에게 자연스럽게 접근시키며 지속적으로 각인시킵니다.

식품업계는 몸에 좋은 성분으로 건강한 식품을 만들고 그 성분을 투명하게 밝히며 그럴듯한 말장난을 하는 건 그만둬야 합니다. 기업 이윤을 둘러싼 문제에서는 사리에 맞지 않는 논쟁이 옳은 것처럼 보일 때가 있습니다. 이들에게 중요한 건 수백만 명의 어린이들과 청소년들을 어떤 입맛으로 길들이는 가 입니다. 몇 년 후면 자발적으로 이 입맛에 따라 쇼핑 카트를 가득 채울 것이기 때문입니다.

따라서 식품업계에서는 어린이들과 청소년들이 학교에서 고품질의 식사에 익숙해질 준비를 하는지, 아니면 대규모 가공식품업체에서 제공하는 미각을 발달시킬 것인지가 매우 중요한 문제입니다. 지역에서 생산되는 신선하지만 다소 비싼 재료를 무시하고 그 대신 인공 감미료나 소금. 설탕과 같은 양념을 사용하는 산업용 맛에 길들여진 미각을 그들은 원합니다.

전국 어느 식당이든 된장과 콩국수, 닭갈비, 갈비탕, 동태탕, 국수, 짜장면, 소갈비 등의 베이스 맛은 동일합니다. 같은 화학조미료를 사용하기 때문이죠. 즉, 대박난 명소 식당 음식들이 우리 입에 착착 붙는 감칠맛 나는것은 100% 조미료가 내는 맛입니다.

몸에좋은 천연 재료를 사용하면 맛없다고 하기 전에 본인의 식습관을 잘 돌이켜보고 개선해야 합니다. 저도 사회생활하는 수십 년 동안 가공식품과 조미료를 듬뿍 친 식당 음식에 입맛이 길들여졌는데요. 은퇴 후 집에서 조미료 없는 음식을 먹다 보니 이젠 외부에서 조미료 들어간 음식 맛을 대번에 알아차립니다.

화학조미료나 가공식품을 멀리하기만 해도 건강은 눈에 띄게 호전되며 무엇보다 수십 년간 몸 구석구석 쌓였던 화학조미료 독성이 빠져나가는 좋은 느낌을 받습니다.

OHW : 내가 먹는 음식이 내 몸을 만드는 걸 알고 나면 화학적 가공식품을 절제하는 노력을 꾸준히 하게 됩니다.

44. 민주주의 概論

'민주주의'라는 단어는 민중을 의미하는 데모스DEMOS와 지배를 의미하는 크라토스KRATOS를 합성한 것으로 데모크라토스라고 부릅니다.(그리스 어원)민주주의는 특수한 계층이 아니라 민중(국민)이 지배하는 체재라는 것입니다.

그러나 이런 의미를 지닌 민주주의 내면은 실상 그렇지 않습니다.
민주주의 정의와는 달리 매우 변형된 형태의 정치체계를 편법으로 운용하면서 집단화된 기득권 세력들의 앞마당에서 열리는 파티가 되고 있습니다.

민주주의는 평등을 추구하며 자유와 공동의 이익?을 보호하며 국민의 필요를 충족시키고 도덕적으로 성숙시키며 나와 다른사람의 이해까지 고려하면서 효과적인 의사결정을 내리는 정치체계로 운영되어야 합니다.

이렇게 머리 아플정도로 다양한 욕구를 충족시켜야하는 민주주의 체제는 이러한 다양한 목표중에서 무엇을 중요시하는가에 따라서 민중의 힘을 중요시 하는 것인지? 아니면 대의체제에 속한 이들에게만 중요한 것인지 바로 알 수 있습니다.

국민투표와 같이 아주 특수한 상황을 제외하면 참여 민주주의를 실현하기는 거의 불가능합니다. 그래서 정책결정의 영향을 받은 모든 구성원들이 결정에 참여하는 것이 아니라 이러한 목적으로 선출된 사람들만 참여하는것이 대의 민주주의를 선택하게 되는데 우리나라도 대의 민주주의 입니다.

그런데 행정부 권력을 거머쥔 정치세력이 권위적일수록 시민들의 정치 참여를 극도로 싫어하면서 제어합니다. 이렇게 권위주의가 판치는 국가에서는 국가의 필요와 국가의 이익이 보통 시민들의 보편적이고 상식적인 이익이나 필요보다 훨씬 더 중요하다고 판단하기 때문에 국민들 삶에 큰 문제가 생깁니다.

오늘날 권위주의 국가나 정부는 많은 나라에서 발견할 수 있으며 민주주의를 표방하는 나라에서도 다수 존재합니다. 아시아의 싱가포르도 소위 연성 권위주의 국가입니다.

OHW : 현시점의 우리나라는 민주주의 국가입니까? 권위주의 국가입니까?

45. 실존같은 부존

인간의 실존은 본질에 앞선다!

여기서 본질은 어떤 것이 존재하는 이유와 목적을 뜻합니다. 모든 건 본질을 갖고 있죠. 신발은 사람 발을 보호하고 우산은 비를 막아주는 것이 본질인데요. 그렇다면 사람은 희거나 검거나 생김새와는 관계없이 인간이라고 하죠? 인간의 본질은 뭐죠? 인간에게는 본질이 없어요. 인간은 존재하는 이유와 존재하는 목적이 없습니다. 그냥 존재하는 거예요. 심지어 존재하고 싶어서 존재하는 것도 아니에요.

우리 모두는 그냥 진화론적 랜덤으로 태어난 것입니다.
그렇게 그냥 인간이라는 세상에 나온 존재예요. 이것을 피투성被投性 이라고 합니다. 피투성이라는 개념은 독일 철학자 하이데거가 도입했는데요. 그는 인간 개인은 세상에 던져짐 당한 존재라고 했습니다. 자의와는 상관없이 세상(존재와 시간)에 던져진 존재being thrown라고 하며 인간은 불안을 통해서 이러한 상황을 자각하게 된다고 했습니다.

이처럼 인간은 태어난 목적, 기능 혹은 가치가 없고 그냥 실존하는 존재자라는 것이 '실존은 본질에 앞선다'는 말의 정확한 뜻입니다. 우리 각자가 태어날 때 어떤 목적을 갖고 태어난건 아니잖아요? 그냥 태어난겁니다. 태어나보니 지구이고 한국이고 누구의 자녀인 것입니다.

인간은 실존이 본질을 앞서는 존재이기 때문에 자유입니다. 그렇기에 애초부터 어떻게 살아야 한다는 규범도 의무도 주어진 역할도 없습니다. 내가 민족중흥의 역사적 사명을 갖고 있다고 생각되면 그렇게 살면 되고 가문의 영광을 위해 태어난 거라고 생각하면 그렇게 살면 됩니다. 그런데 인간은 타고난 사명 같은 것이 없습니다. 천부적으로 무엇을 하든 자유입니다.

주입식 교육으로 다양한 규칙과 오와 열로 정신 무장된 우리들에게 이러한 자유가 조금은 부담스러울 수도 있습니다. 그래서 사르트르는 인간은 자유를 '선고받은' 것 이라고 했습니다. 인간이 자유를 선고받은 결과 매 순간 어떠한 선택을 할지 직면하게 되며 공부할지 말지 영화를 볼지 말지 친구를 사귈지 말지 직장에 갈지 말지 결혼을 할지 말지 투표를 할지 말지 등을 선택해야 합니다. 하고 싶은 일을 해야 할지 해야 할 일을 할지를 선택해야 하는데 여기에는 정답이 없습니다.

정답이 없기에 매순간해야하는 선택이 어려운 것이고 인간에게 주어진 목적이나 기능이 없기에 정답도 없는 것입니다. 그래서 인간은 늘 불안해 합니다. 그러한 불안은 정답이 없는 문제지를 받았기 때문에 생겨나는 것입니다. 불안은 정상 인간이 갖는 특징이며 조금의 불안도 없다면 그건 비정상입니다.

그래서 사람들은 불안을 피하기 위해 마치 자기가 어떤 것을 선택할 수 있는 자유가 없는 것처럼 행동합니다. 아르바이트를 하는데 마치 천직인 것처럼 몰입하고 샐러리맨인데도 오너인 것처럼 한치의 동요도 보이지 않고 열심히 하는 사람들이 있습니다. 사르트르는 이런 사람들의 증상을 '자기 기만'이라고 했습니다. 마치 이것 말고 다른 것을 할 수 없는것 처럼 자신을 스스로 속이고 있다는 것입니다.

나한테 가장 가치있는 것이 나에게 맞는 정답입니다. 그건 내가 선택하는 것입니다. 내가 어떤 것을 선택하는 순간부터 그것에 가치가 생기므로 내가 선택한 모든 것이 나에게는 모두 정답이 되는 것입니다. 인간은 선택을 하면서 계속 나아가는 겁니다. 인간에게 주어진 자유가 불안하더라도 어떤 것을 선택하며 선택한것에 대해 가치를 만들어가야 합니다. 그래서 인간은 기투企投 Entwurf 하는 존재라는 겁니다. 기투란 인간이 현재를 넘어서 미래를 향해 자신을 스스로 던지는 실존의 방식을 말합니다. 인간의 선택은 자유이지만 그 선택에 대한 책임도 져야하기에 선택이 어려운 이유는 거기에 책임이 따르기 때문이고 이걸 감당하기 싫은 인간들은 선택을 스스로 하지 않으며 늘 눈치보며 타인의 뒤를 따릅니다.

본인이 해야하는 선택을 쉽게 위임하거나 타인의 선택을 따라만 가는 것은 본인이 선택하는 것보다 책임을 조금이라도 전가하고 싶은 이유 때문입니다.

내가 선택을 하는 순간에는 늘 나의 선택으로 다른 이들에게 어떤 영향을 미치는가도 생각해야 합니다. 내 마음대로 자유의지로 선택한다고 해서 아무데나 대소변을 보거나 흡연하거나 고성방가해도 되는 것은 아닙니다. 이것을 앙가주망이라고 합니다. 'engagement'계약, 구속이라는 뜻인데 사회적 책임도 고려하면서 정치나 사회문제에 적극적으로 참여하는 것을 의미함.

인간은 아무런 목적도 없이 그냥 던져진 존재이며 우리가 어떤 것을 선택하든 그것은 우리의 자유이고 어떤 것을 선택하는 순간 거기서부터 가치가 나온다.

그것은 나만의 가치가 아니라 다른 모든 사람들의 가치가 될 수도 있다는 것이 사르트르가 말하는 실존주의입니다.

OHW : 인간은 피투로 태어났지만 기투로 사는 존재입니다.

46. 인간의 역사를 믿는가?

인류사의 본류 정도는 사실과 가까울 수 있지만 그 외 덧붙여지는 기록들에 대해서는 거의 믿을만한 게 없습니다. 긴 설명 필요 없이 남아있는 대부분의 역사적 기록물이라는 것들은 승리자들의 전유물로 내용 자체가 편집되며 그 당시 사실이 왜곡되는 과정을 어느 시대에서나 거치게 되었고 그 시대를 지배하는 계층을 정당화하는 것으로 이뤄졌기 때문입니다. 그러므로, 역사가 이를 증명할 것이다!라는 드라마나 영화 속의 말이나 후대 역사가들이 판단할 것이라는 현재의 말 자체도 타당하지 않다는 것이죠. 지금 당장 현재에도 왜곡되는 자료를 갖고 호도하는 판국인데 어떻게 후대에서 지금의 상황을 올바르게 평가를 할 수 있죠?

역사는 언제나 민중을 외면합니다. 적벽대전에서 제갈량이 조조를 이긴 것만 나오고 실제 그 전쟁 자체를 이루게 된 그때 죽은 수십만의 졸병은 언급조차 안됩니다. 즉, 한두 명의 이름만 역사에 남고 나머지 민중은 단 한 명의 들러리로 간주됩니다. 워털루 전쟁에서 나폴레옹이 졌을 때도 그 휘하에 죽은 수많은 전사자들은 언급되지 않습니다. 지금의 우크라이나 러시아 전쟁에서도 푸틴 이름만 언급되고 미친 전쟁에서 억울하게 죽은 수만 명의 양쪽 국가의 젊은 군인(or 민간인)들은 이름조차 언급되지 않고 관심에서 거의 사라지고 있는 게 역사라는 것입니다.

이렇게 악랄한 소수 인간의 역사는 선량한 다수의 인간들을 철저하게 이용합니다. 극소수의 광기와 탐욕(권력욕, 재물욕 등)을 충실하게 지탱해 주는데 대다수의 겁 많고 생각 없는 다수의 민중들은 선동되면서 소모품처럼 쓰여집니다.

중국의 춘추전국시대 삼국지로 불리는 그 역사의 현장에서 영웅호걸들이 자리싸움하는 동안 중국인구의 1/3이 전쟁에서 죽음으로 사라지며 인구가 줄어들었습니다. 소설 삼국지가 그럴싸하고 인간의 심리와 관계를 설명하는 걸작이라고 하지만 삼국지 당시의 중국인 3분이 1이 죽어나갔다는 끔찍한 말은 입도 뻥긋하지 않고 있습니다. 사람은 죽어서 역사에 이름을 남긴다는 말은 거짓입니다.
어리석고 생각 없는 사람들이 영웅이라고 불러주는 미친놈 한 명이 나타날 때마다 벌어지는 전쟁 때문에 이름도 없이 죽어나간 사람들 수를 헤아릴 수도 없다는 것이 인간 역사의 실체입니다.

광해나 연산이 과연 폭군이었을까요? 사도세자는 정신병자였을까요? 궁예도 미친놈이었을까요? 그래도 그들은 이름이 역사에 남기라도 했습니다만 일반 민중들은 역사적 대의명분이라는 헛소리에 희생되며 엑스트라로 사라졌습니다. 역사는 옳을 때도 있고 그를 때도 있습니다. 역사서에 기록되어 있다고 해서 전부 다 옳은 건 아니라는 사실입니다. 그 시대에 살았던 인간의 편견과 시대를 장악했던 힘에 영향받은 것이 역사서라는 관점으로 봐야만 합리적입니다.

그리고 이러한 인간 역사의 불행을 먹으며 끊임없이 성장하는 종교집단이 있습니다. 사후 보상에 대한 가냘픈 기대와 희망으로 믿게 하고 별 의미 없이 그냥 살아가는 민중들에게 내세에 대한 판타지를 심어주면서 부를 거머쥐는 이익집단으로 변했습니다. 이젠 종교가 대기업 수준이죠? 급기야 스스로 종교를 넘어서는 정치적 지도자?까지 자처하며 우매한 민중들의 주머니 쌈짓돈마저 우려먹고 있는 중입니다. 유사 재생이 한두 번 아닌 인간의 우둔한 역사는 언제나 그렇듯 지루한 반복으로 되풀이 중입니다.

고생 끝에 이룩한 민주화의 끝자락에는 반드시 독재자가 나타나서 오랫동안 국민들은 고생 시킵니다. 이 또한 대개는 아무 생각 없는 국민들이 자초한 일입니다. 히틀러를 뽑은 건 독일 국민들이고 나폴레옹을 황제로 부활시킨 것도 프랑스 국민들이라는 것을 본다면 그나마 깨어있다는 유럽 국민들마저 우리와 비슷한 패턴입니다. 역사 속의 독재자는 모두 우리가 뽑은 겁니다. 일본인이 뽑은 게 아닙니다.
이렇게 민중은 역사와 병치해두면 늘 뒷전으로 밀리며 사라집니다.

그래서 루소는 '역사를 없애야만 인간이 행복해질 수 있다'고 하는 주장을 '인간 불평등 기원론'에서 강조한 것입니다.

지금까지 나온 전 세계의 역사서 중에 민중 속의 개인의 존엄을 중요하게 다룬 역사서는 단 한 권도 없습니다. 그저 민중들은 다수라고 할지라도 영웅 한 명을 위해 인권이 유린되거나 혹사당하더라도 역사적 명분이라는 되지도 않는 말 한마디에 목숨까지 희생당하며 속절없이 무너졌습니다. 그리고 한국처럼 역사를 강조하는 나라도 드물 것입니다.

그 역사라는 말속에 오랫동안 민주화를 이루기 전에 당한 수많았던 인권유린과 죽음들은 묻혔고 화합과 역사 창조라는 말도 안되는 궤변 속에 일제강점기 시절의 친일파들이 아직도 건재하게 살아 날뛰는 국가로 만들어버린 게 현재의 정재계와 학계 언론계의 기득권 집단들입니다. 그래서 더욱 기록된 역사는 냉철하게 봐야 합니다.

당장 눈앞에 보이는 인간 개인의 서사는 믿어도 될까요? 눈앞에서 직접 사실 여부를 체크하면서도 그 개인의 이야기에 의심을 갖고 100%는 신뢰하지 않게 되죠.
내 눈앞의 개인도 이러한데 수천 년 동안 쌓인 역사라는 말 한마디에 속아 생각 없는 꼭두각시로 이용당하는 우를 범하기 쉬운 게 인간입니다.

OHW : 이제 우리는 역사를 상식선에서 합리적으로 따져보고 의심하는 아웃사이더가 되는 게 오히려 더 낫습니다. 기록된 역사가 더 이상 양심 전체를 비춰주는 거울은 아니므로 늘 배우면서 깨어있어야 합니다.

47. Think About 정의

우선 결론부터 말하자면 고대로부터 현재까지 늘 정의롭지 않았고 정의로운 적이 단 한번도 없었습니다. 플라톤은 '국가'에서 소크라테스와 트라시마코스의 논쟁에서도 정의로운 사회를 이루기위한 해결책을 하나도 내놓지 못했습니다. 현대에 와서는 존 롤스의 40년 걸작 '정의론'에서도 마찬가지로 답을 내놓지 못한다는 것입니다.

60이 되는 시점에 가족이 함께 살며 괜찮은 집과 차를 갖고있고 자립이 된 상태라면 그렇지 않은 수많은 이들에게 과연 정당한지 정의로운지? 그렇다고해서 지금까지 육체 노동을 하며 전문기술을 익힌 또래의 건설노동자들보다 훨씬 더 많이 버는것이 과연 정의인가? 당위성이 그럴싸해 보여도 일반적인 중소기업 근로자, 버스운전사, 건설노동자, 공무원들보다 훨씬 더 많이 번다는 것이 정의롭다고 볼수는 없습니다. 또한 내가 축구선수 손흥민보다 훨씬 적게 번다는 것도 정의라고 할 수 없습니다. 물론 뛰어난 재능으로 부자가 되는건 의미도 있고 좋은 일입니다.

대부분의 기업 경영자들은 실적이 좋지않으면 해고됩니다. 때로는 계약기간이 남았는데도 해고당합니다. 그러나 이들은 퇴직금을 많이 받기때문에 굳이 다른 직장을 찾지않아도 됩니다. 그들 통장에 들어있는 돈이 바로 노동을 대신하기 때문입니다.

동류의 기업가들끼리는 서로의 안전을 보장해주고 있기때문에 일반 서민들이 이러한 시스템으로 돈을 모은다는 것은 상상도 할수 없습니다. 당연히 이러한 것 역시 정의롭지 못합니다. 이렇게 세상 모든것은 정의롭지 못합니다. 손가락 하나 까닥하지않고 놀고먹는 실업자가 온갖 고난과 위험을 무릅쓰고 타국으로 와서 착취당하듯 일하고 있는 동남아인보다 더 잘 산다면 불공평하고 불공정 한것입니다. 이렇게 하나씩 계속 생각하며 들어가보면 정의란 공허 합니다.

'정의란 무엇인가'라는 물음에 몰두하기 시작한 사람은 밑빠진 독에 물붓기를 시작한것이나 다름이 없습니다. 많은 사람들이 정의와 공평을 혼동합니다. 하지만 모든 사람들이 완전하게 공평한 대우를 받게되면 대부분의 사람들은 몹시 불공평하다고 여길것입니다. 정의롭다고 느끼는 것이나 불의라고 느끼는 것은 그 사람이 처한 조건이나 가치관에 따라 다르기 때문입니다.

OHW : 정의에 대해 생각하면 할수록 더욱 명확해지는 것은 절대적 개념이 아니며 정의라는 개념은 철저하게 상대적이므로 한마디로 설명하기 힘들다는 것입니다. 그렇게 때문에 정의는 실현된 어떤 상태가 아니라 '끊임없이 추구하는 어떤 목표'로 이해되어야 합니다. 서로를 존중하고 서로에게 정의롭자고 언제나 노력을 한다는 것 그정도를 정의라고 보면 되는 것입니다.

48. 다모클래스의 검

Sword of Damocles

권력 앞에 쉴 새 없이 아첨하며 왕의 자리를 부러워하던 신하 다모클래스에게 왕좌(권력)의 실태를 깨닫게 하기 위해 시칠리아의 참주(왕) 디오니시우스 2세는 모든 신하를 불러 모아서 잔치를 여는 자리에서 다모클래스에게 잠시 동안 왕좌에 앉아보도록 권합니다. 다모클래스가 왕좌에 앉아 모든 신하들이 자신에게 고개를 숙이는 것을 보는 체험은 그를 우쭐한 기분이 들게 하였습니다.

그러나 그는 곧바로 사색을 하며 기겁합니다. 왕좌의 바로 위 천장에는 말총 한올에 매달려있는 날카로운 칼이 대롱대롱 달려있었는데 그것을 보자마자 다모클래스는 심장이 멎는듯하고 식은땀이 흘렀습니다. 저 칼이 떨어지면 나는?
잠시 앉아본 왕좌의 체험이 공포로 변하자 디오니소스 2세는 말합니다.
항상 내 자리가 위태롭다는 것을 잊지 않기 위해 머리 위에 칼을 매달아 놓는다. 권력과 성공에 따르는 부작용은 늘 있기 마련이다. 권력을 얻기 위해서는 위험을 맞이하지 않고는 불가능하다. 그렇기에 권력을 손에 넣더라도 지속적으로 나를 쓰러뜨리기 위해 기회를 엿보는 누군가는 항상 있다.

위험은 다모클래스의 칼처럼 말총 하나로 공중에 매달려서 고요하고 냉혹하게 권력을 가진자를 주시하고 있고 언제든지 권력의 자리를 향해 떨어질 수 있습니다.

이런 일이 있은 후부터 다모클래스의 검(칼)이라는 뜻은 높은 자리가 겉보기는 좋고 편안해 보여서 부러워하겠지만 항상 위기를 마주하고 있기 때문에 긴장하고 있다는 것을 의미합니다.

OHW : 미국 케네디 대통령은 '핵무기는 우리 인류에게 다모클래스의 검'과 같다고 인용했습니다.

49. 최초를 향한 의지는?

세계 최초로 B형 간염 백신을 발명해낸 김정룡 박사는 함경남도 출신으로 1966년 서울의대에서 박사 이후 하버드 의대로 연수를 가서 만난 데이빗 교수의 권유로 간염 연구를 처음 시작했고 그 이후 오랜 숙련을 통해 드디어 1979년 논문으로 B형 간염 백신을 세계 최초로 개발했음을 밝힙니다.

자신이 세계 최초로 개발한 B형 간염 백신을 상용화해서 그 당시 간염 왕국이라는 오명과 함께 많은 사람들이 사망했던 한국에서 절실하게 필요했던 B형 간염 백신을 만들고자 녹십자와 계약을 맺고 양산 절차에 들어가고자 했지만 정부의 보건사회부에서 허가를 하지 않고 오히려 브레이크를 걸어버립니다. 그 당시 보건사회부가 김정룡 박사의 B형 간염 백신에 대해 불허한 이유는 그가 개발해낸 B형 간염 백신에 대해서 한국 내에서는 마땅한 심사 기준이 없어서 허가를 해주지 않았다는 것입니다.

한국 정부 공무원들의 이러한 무책임한 행태(태도) 때문에 백신을 세계 최초로 만들어놓고도 양산을 하지 못한 체 몇 년 동안 계속 시간만 지체되고 있었고 결국 후발주자였던 미국과 프랑스가 1981년 B형 간염 백신을 제품(상품)화해서 생산하게 됩니다. 더욱 우리를 경악하게 만드는 비화는 한국의 보건사회부에서 김정룡 박사의 세계 최초 백신에 대해 심사하는 기준이 없어서 브레이크 걸고 양산도 못하게 2년 동안 잡아 쥐고 있다가 미국과 프랑스의 B형 간염 백신 요약서를 입수하여 그걸 기준으로 김정룡 박사에게 간염 백신을 제품

화해도 된다는 허가를 겨우 내준 것입니다. 한마디로 정신 줄 나간 정부 공무원들이었습니다. 세계 최초라서 기준이 없다면 한국 정부가 스스로 기준(표준)을 수립하고 만들면 그게 바로 글로벌 스탠다드가 되는 것인데 공무원들 중 아무도 앞에 나서서 일하지 않고 가만히 앉아서 김박사의 발목만 2년 동안이나 잡은 것입니다.

우리나라 의학자가 세계 최초로 1979년 B형 간염 백신을 이미 개발해서 세계적으로 입증까지 받았음에도 보건사회부에서는 백신에 대한 기준이 없어서 유럽 선진국에서 백신에 대한 기준이 나오기 전까지 제품 양산 허가를 내주지 않았다는 것입니다. 보건사회부가 왜 인증을 해주지 않았을까? 왜 그렇게 조심할까? 이런 말도 안 되는 비상식적인 현상이 무엇을 의미하는 걸까요?

실제 삶에서 우리는 단 한 번도 자기가 스스로 기준을 만들어서 생산해 내지 못하고 외국에서 사용하고 있는 기준을 들여와서 외형적으로 덧씌우며 우리가 애써 만든 기준처럼 카피하고 산 것은 오래된 습관입니다. 스스로 자신마저 못 믿고 남을 더 믿는다는 것과 같습니다. 이러한 수동적 기질이 너무 오랫동안 이어져 왔기에 과연 우리들에게 고유한 것이 얼마나 될까라는 의문이 들 지경입니다.

이 세상의 모든 기준은 처음이 있는데 그 처음이 우리 한국인이 되면 안 될까요?
왜? 우리가 기준을 처음 만들면 안 되는가라고 질문만 거듭했더라도 이미 글로벌 일류가 되어있을 것입니다. 2년이 지난 후 미국과 프랑스에서 결국 B형 간염 백신을 만들어내어 전 세계로 판매하게 되자 그 기준을 갖고 와서 김정

롱 박사의 간염 백신에 대해 제품화 허가를 내줬다는 것. 왜 우리는 다른 나라나 다른 사람이 만든 기준을 가져와야 하고 최초 기준을 만들어낼 엄두조차 내지 않는가?

자신이 삶의 주인공으로 산다는 것은 본인 삶의 기준을 스스로 정해둬야 가능합니다. 그렇지 않은 사람들은 늘 외부에 자기 삶의 기준을 두고 살기 때문에 자신에 대한 불신이 생성되고 자신감마저 결여되는 것입니다.

세계 1류는 기준을 스스로 만든다고 했습니다. 대다수의 2류들은 1류가 만든 기준을 아무런 의심 없이 따라간다고 했습니다.

OHW : 기준이 없으면 새로 만들어야 한다는 생각조차 안 하고 꼭 남들이 해놓은 걸 보며 그대로 따라가야만 안심하는 희한한 나라. 부디 우리 후손은 창조적인 파괴도 해보고 스스로 세상 최초의 기준도 스스럼없이 만들 수 있기 바랍니다.

50. 소말리아 해적은 왜?

언제나 변함없는 상투적 이야기라는 생각일수록 우리는 왜 저럴까?라는 질문을 거듭하며 현상의 기저를 찾는 노력이 필요합니다. 유럽과 동아시아 부강한 나라들의 중대형 선박들은 세계 최빈국인 아프리카 대륙 해안선을 따라돌며 어족 자원을 마음껏 쓸어 담고 있는 것이 현실입니다. 아프리카에서 가장 긴 해안선 3천 킬로미터를 가진 소말리아 해안을 경계하는 초계정 몇 척은 휘발유조차 부족해서 조직적인 남획 선단에 맞서거나 바로잡기에도 역부족인 상황입니다. 그들의 앞바다를 지킬 군사력이 전무하다시피 없다는 것입니다.

대부분의 아프리카 연안 국가들은 어자원이 풍부한 영해와 더불어 능력도 양심도 없는 정부를 갖고 있습니다. 탐욕만 가득한 정부를 가진 아프리카 연안국들은 유럽과 러시아 동아시아 국가에는 국민을 위하는 좋은 정부보다는 오히려 럭키한 상황입니다. 지브롤터에서 남아프리카 케이프타운까지 늘어서서 쓸어 담듯 어자원을 잡는 6백여 척의 남획 전문 선박은 중국 배들입니다. 그뿐 아니라 유럽과 러시아 동아시아 (한국 포함) 원양 어선단들도 치열하게 바다 자원을 쓸어 담아 가는 중입니다. 아프리카 대륙 해안가에서 보이는 수평선 불빛들은 대도시처럼 환한 빛을 내뿜고 있는데 모두 원양선단 조업선들입니다.

물론, 2014년 유럽과 아프리카 해안국 10여 개국이 조인한 '지속 가능한 어업 협력을 위한 조약'에 의해 아프리카 연안국들의 배타적 경제수역 350킬로미터의 조업권을 유럽에게 넘겨주는 대신 기술과 재정 지원을 받기로 했습니다. 세네갈은 180만 유로. 모리타니는 6천만 유로 등. (국가별 금액차 크게 존재) 그러나, 현지 어부들은 어업자원 관리를 위한다는 명목의 이러한 기금 혜택을 전혀 받지 못하고 있으며 열강들의 선단은 조업권을 돈주고 샀다는 명목 아래 아무렇게나 금지구역에서도 어업 하며 신고된 어획량조차 지키지 않고 있습니다. 이렇게 불법적으로 남획해가는 어획량은 세네갈, 잠비아, 텔아비브, 나미비아를 지나는 서아프리카 해안에서만 한 해 20억 유로 정도로 규모가 심각합니다.

동아프리카 해안국 소말리아에서 해적이 출몰하는 기저 본질은 여기에 근거하죠. 바다를 내주고 유럽으로부터 받은 돈을 지역 어민들에게는 한 푼도 주지 않고 써버리는 부패한 권력의 아프리카 국가들. 외국 대형 선단들이 아프리카 앞바다를 쓸고 가는 바람에 어족자원 씨가 마른 연안 어민들은 이판사판으로 저마다 총을 들고 바다로 뛰쳐나가기 시작했고 거기에 점점 이권까지 붙으면서 양아치 폭력조직들까지 가세하게된 소말리아 앞바다는 무법천지의 해적판이 된 겁니다.

인간들의 부패와 탐욕은 이렇게 끝없이 추악합니다. 아프리카를 욕하기 전에 얼마간의 로비와 검은 돈으로 부패한 권력자를 꼬셔서 바다 사용 조업권을 확보한 후 어족자원을 씨 말리듯 깡그리 남획해가는 부강한 선진국들이 과연 도덕적인가? 소말리아 해적들을 나쁘다고 하기 이전에 (물론 해적들은 이론 없이 매우 나쁩니다) 그 이면에 있는 또 다른 본질은 왜 한 번도 기사에 나오지 않는 걸까요?

OHW : 누구라도 아사 직전이라면 뭐라도 해볼 겁니다. 소말리아 연안 어민들을 이렇게 해적판으로 뛰어들게 만든 데에는 부패한 정부, 남획하는 외국 원양 선단, 아프리카 목줄을 여전히 쥐고 있는 유럽이 아닐까요?

183. 세일즈맨의 죽음

75년전부터 미국 사회의 문제점을 경고한 작가 아서 밀러는 '세일즈맨의 죽음'이라는 책에서 자본주의 사회의 경제구조속의 어두운 그늘에 대해 차갑게 비판합니다. 뉴욕에서 태어난 그는 미국 희곡계를 대표하는 극작가이자 지식과 행동이 거의 일치하는 행동하는 지성인으로도 높게 평가 받고 있습니다.

희곡 창작을 통해 물질만능주의와 전쟁으로 인간성을 말살하는 정치, 사회 문제를 비판하며 미국 사회에 경종을 울렸는데 그로인해 반미국적이라는 공격도 받지만 그의 창작물속에서 표현하는 비판은 거침없고 저돌적입니다. 1956년 마를린 먼로와 결혼하여 5년만에 이혼한 경력으로도 유명합니다.

자본주의 사회의 병적인 현상들을 진단한 사회극 '세일즈맨의 죽음'을 발표한 1949년 바로 브로드웨이 연극무대에서 초연되었고 뉴욕 비평가상과 퓰리처상을 동시에 수상합니다. 우리나라 같았으면 허구헌날 자본주의 구조를 비판한다고 아마도 빨갱이로 내몰리며 감옥으로 직행 되었을텐데. 유연하고 개방적인 문화와 경직되고 폐쇄적인 문화의 차이가 이렇게 큽니다.

작가로 성공을 거둔 아서밀러앞에 세일즈맨으로 일하는 친척 아저씨가 나타나서 자신의 아들도 인생의 성공가도를 잘 달리고있다고 허풍을 떨며 자랑하던 일을 '세일즈 맨의 죽음' 희곡의 모티브로 삼았다고 자서전에서 밝혔습니다. 세일즈맨의 죽음에서 던지는 메시지는 '인간 소외'입니다. 1930년대를 배경으로 하는 경제대공황이후 미국사회는 자본축적이라는 목표를 향해 전속력으로 질주하는 '성장 제일주의' 열풍 속에 휩싸입니다. 세일즈맨 윌리 로먼은 이러한 사회 환경에서 자본적 도구의 기능과 효용을 더는 충족할수없는 단계에 이르게되는 그 순간부터 사회와 가정으로부터 쓰레기통으로 들어가는 녹슨 기계부품처럼 소외를 당합니다.(어디서 많이 들어본듯한 내용이죠? 네 맞습니다 카프카 '변신'과 너무 닮았습니다. 사회문제는 시공간을 달리해도 유사성이 존재한다는 걸 전제하면 마음이 크게 불편하지는 않을것입니다.)

자본주의 사회에서 간과할 수 없는 사회문제를 예리하게 고찰하여 해부한 사회부조리극이며 한때 윌리 로먼은 회사 사장과도 친밀하였고 아내 린다와의 사이에 두아들 비프와 해피를 두고 있습니다. 그러나 만 60세에 이른 그의 신세는 초라합니다. 대공황의 극심한 불황과 어려운 회사 여건은 그의 입지를 좁게했고 지갑은 갈수록 얇아졌습니다. 갚아야 할 빚은 많은데 지금은 몸도 말을 안들어서 툭하면 피곤이 몰려옵니다. 게다가 정신도 온전치 않아서 잊을만하면 환각이 찾아옵니다. 거기다가 큰 아들 비프는 34세가 되도록 실업자 신세를 면치 못하고있고 작은 아들 해피는 본인만의 세계에 빠져 방탕한 생활을 하고 있습니다. 이렇게 모든 주변상황이 악화일로일때 큰 아들 비프가 오랫동안 떠나있던 집으로 다시 찾아옵니다. 귀향한 비프는 예전의 사장 올리버에게 찾아가서 다시 일하고싶다고 하지만 올리버는 비프를 기억하지 못합니다. 여기서 비프는 사장 올리버의 만년필을 훔쳐 달아나는 사고까지 칩니다.

한편, 집으로 돌아온 큰 아들이 재취업 하겠다는 말에 용기를 얻은 아빠 윌리는 사장 하워드에게 외근 세일즈가 너무 힘에 부치니 이젠 내근직으로 옮겨달라고 부탁하지만 오히려 사장 하워드는 윌리에게 이제 그만둘 때가 되었다며 간단하게 해고해버립니다. 30년동안 헌신한 직장이었지만 두둑한 보상은 커녕 늙은 폐기물 취급 받으며 버려진 신세가 된것입니다. 해고당한 윌리는 인생의 파도에 휩싸입니다. 철없는 큰 아들 비프는 재취업도 안되고 순 자본이 없는데도 사업은 하고싶습니다. 집안 사정을 보면 그런걸 바랄수도 없어서 아버지 윌리에 대한 원망이 커져만 갑니다. 시대를 불문하고 이기적이고 철없는 자식은 꼭 있습니다.

자신감이 사라진 큰 아들 비프는 이제 아버지를 존경하지도 않습니다. 자신이 사랑하는 아들이 자신을 향해 원망의 말을 퍼붓는 그 대화 중 일부입니다.

윌리 : 그래 그게 내 잘못이란 말이지?

비프 : 전 고등학교 이후 다니던 직장마다 도둑질 때문에 쫓겨났어요.

윌리 : 그래 그게 누구 잘못이란 말이냐.

비프 : 그리고 아버지가 나를 너무 띄워놓으신 탓에 저는 남에게 명령받는 자리에서는 일할수가 없었어요. 그게 누구 잘못이겠어요?

윌리 : 알아들었다.

린다 : 그만해 비프!

비프 : 이제 진실을 아셔야 할때예요. 전 금방이라도 사장이 되어야만 했지요. 이젠 그런것들을 끝내려는 거예요.

윌리 : 그러면 나가 죽어라. 아비에게 반항하는 자식아. 나가 죽으라고.

비프 : 아뇨! 아무도 죽지않아요. 아버지! 제 손에 올리버 사장 만년필을 쥐고 11층을 달려내려왔어요. 그러다 갑자기 멈춰섰어요. 그 사무실 건물 한가운데서 말이예요. 그 건물 한복판에 멈춰서서 하늘을 봤어요.

제가 세상에서 가장 사랑하는 것들을 봤어요. 일하고 먹고 앉아서 담배 한대피는 그런 시간들을요. 그리고나서 만년필을 내려다보며 스스로에게 말했죠. 뭐하려고 이 빌어먹을 놈의 물건을 쥐고있는거야? 왜 원하지도 않는 존재가 되려고 이 난리를 치는거야? 왜 여기 사무실에서 무시당하고 애걸하며 비웃음 거리가 되고있는거야? 내가 원하는 건 저 밖으로 나가 내가 누구인지 알게되는 그때를 기다리는 건데. 전, 왜 그렇게 말하지 못 하는거죠? 아버지!

윌리 : 네 인생의 문은 활짝 열려있어!

비프 : 아버지! 전 1달러짜리 싸구려 인생이고 아버지도 그래요.

윌리 : 난 싸구려 인생이 아냐! 난 윌리 로먼이야! 넌 비프 로먼이고!

비프 : 저는 사람들의 리더가 되지못하고 그건 아버지도 마찬가지예요. 열심히 일해봤자 결국 쓰레기통으로 들어가는 세일즈맨일 뿐이잖아요. 저는 시간당 1달러짜리예요. 일곱 개의 주를 돌아다녔지만 더이상 올려받지 못했어요. 한 시간에 1달러 무슨 말인지 아시겠어요? 저는 더이상 집에 상패를 들고 들어오지 못하고 아버지도 그런건 기대하지 말아야해요.

윌리 : 악에 바친 개같은 자식.

희곡 대사에서 보듯. 아들인 비프는 아버지에게 독설을 쏘아댑니다. 아버지와 자신을 세상 그 누구도 알아주지 않는 초라하기 짝이없는 1달러짜리 인생이라고 하며 본인의 도벽과 사장이 되고싶은 비전이 좌절된것도 모두 아버지의 책임이라는 독설을 합니다. 이렇게 아버지를 모욕하는 비프에게 아버지인 윌리는 악에 자친 개자식이라고 받아칩니다. 아버지의 인격을 짓밟는 아들에게 욕을 퍼부은 것입니다. 극한 감정을 절제하지 못하고 아버지에게 모든걸 퍼부었던 비프는 결국 울음을 터뜨립니다. 아버지에게 지나치게 대들면서 가정의 불화를 만든 자신이 원망스러웠던 겁니다.

아들의 눈물을 아버지를 향한 변함없는 사랑으로 받아들인 윌리는 아들 비프가 훌륭한 사람이 될것이라는 기대를 놓지 않게됩니다. 윌리 자신은 해고당했고 큰 아들은 재취업도 안되고 아들이 하고싶은 사업도 하지못하고 본인을 원망하는 것을 보고 머리 끝까지 화가났지만 그래도 자식의 눈물 앞에 약해진 아빠 윌리는 잘못된 결심을 합니다. 아들에게 본인이 죽은후의 보험금을 안겨줄려고 자동차를 몰고 전속력으로 질주합니다 죽음의 문을 스스로 찾아 달려 간것입니다.

윌리가 탄 자동차는 쾌속의질주와 함께 어느덧 장송곡으로 바뀌어 있습니다. 이렇게 희곡 2막은 레퀴엠으로 전환됩니다. 윌리의 무덤앞에서 아내 린다는 윌리가 바로 앞에 있는것처럼 흐느껴울며 말을 합니다.

'여보 오늘 주택할부금을 다 갚았어요. 오늘 말이예요. 그런데 집에는 이제 아무도 없어요. 이제 우리는 빚진것도 없이 자유로운데. 자유롭다고요. 자유롭다고요. 자유.'

린다가 끝내 말을 잇지 못한체 되풀이하는. 자유라는 단어에는 쓰레기통으로 들어가는 폐기물처럼 회사에서 버려지는 날까지도 자본의 계기판에 숫자를 더하기위해 최선의 기능을 다해 살았던 인간 윌리. 자본의 순환 고리를 돌리기위해 그의 일생을 송두리째 갖다바친 댓가로 그의 가족과 자신이 축복 받는 삶을 살았는가? 린다가 읊조리는 자유라는 단어에서는 평생 회사와 가족에게 저당잡혀 살아왔던 한 인간 윌리의 처절하게 소외된 아픔이 고통스럽고 진하게 남아있습니다. 이미 75년전부터 미국 사회의 문제를 제기한 희곡 '세일즈맨의 죽음'은 현재도 변치않는 여전함으로 펄떡입니다.

OHW : 미국과 한국의 구조와 상황은 그때보다 나아졌을까요?
  아니면 더 나빠졌을까요?

52. 자본 이론 Das Kapital

한국인들은 마르크스라고 하면 일단 경계부터 시작하는 편견을 아직도 갖고 있습니다. 군사정권 시절 너무 강력하게 불온서적으로 취급하며 학문적 기초 연구마저 못하도록 금서 지정을 해버렸었죠. 40년 전만 해도 마르크스 책을 읽기만 해도 수배되었고 두들겨 맞으며 구속되었습니다. 우리의 지적 사유가 이만큼 정도라도 자유로워지기까지는 수많은 탄압이 존재했습니다. 그때의 무지막지한 탄압과 폭행 그리고 다양한 연좌제적 감시와 인권유린에 대한 공포는 아직도 전승되어 내려오며 우리 사회 곳곳에 어둡게 도사리고 있습니다.

민주주의 사회에서 대부분은 일하는 노동자입니다. 노동자란 노동력을 제공하고 등가의 임금을 받는 사람을 총칭합니다. 근로자라는 말도 사용하는데 같은 말입니다. 근로자(노동자)들의 권익을 옹호한 천재 사상가 카를 마르크스(1818~1883)는 프로이센(지금의 독일)의 트리어에서 유대인 변호사 아들로 태어났습니다.(학문적 성과를 이룬 천재들은 유대인이 다수라는 게 놀랍습니다) 그는 본 대학과 베를린 대학에서 철학, 역사, 법학을 공부했고 파리에서 망명생활을 하던 중 다시 영국 런던으로 망명지를 옮겼는데 그 이유는 프랑스 기조 Guizot 내각과 프로이센 정부가 의논하여 그를 프랑스 밖으로 추방한 것입니다. 마지막 망명지였던 런던에서 타계할 때까지 경제학 연구와 노동 운동에 평생 몰두했습니다. 그의 저서를 시차 순으로 보면 1858년 경제학 비판 요강 1859년 정치 경제학 비판. 1867년 '자본론' 순서로 집필되었고 대부분 영국 망명 시절 평생 동안 경제학 연구를 거듭한 결과들입니다.

1848년 공산당 선언에서 '만국의 노동자여 단결하라'부터 1867년 자본론에 이르기까지 자본주의의 사유재산제를 부정하고 생산도구와 재화의 공동소유를 주장하는 '사회주의'사상을 확립한 것도 마르크스입니다. 현재에도 유럽 대부분 국가에서 활용되고 있는 유럽식 사회주의 국가(영국, 프랑스, 독일, 이탈리아, 덴마크, 노르웨이, 스페인, 스웨덴 등등.)는 놀랍게도 너무 많습니다. 그들 국가의 '시조새'가 된 사람이 마르크스인 셈입니다. 그가 쓴 '자본론'은 정직한 땀의 결실을 지켜주는 정치, 경제학의 고전으로 읽힙니다. '자본론'은 마르크스가 쓰고 엥겔스가 편집한 저서인데 노동자들이 자본가에게 시간과 임금과 노동력을 착취당할 수밖에 없는 자본주의 사회의 구조적 모순을 집중적으로 비판하면서 이러한 사회구조를 해체해야 할 당위성을 설파하고 있습니다. 자본주의 사회를 해체하고 극복할 수 있는 대안 사회로 사회주의 사회를 제시한 것이 '자본론'입니다. 그래서 자본론을 '사회주의의 성서'라고 부릅니다.

영국으로 망명한 마르크스는 런던에서 현장 노동운동을 펼치면서 자본주의 사회 병폐를 직접 체험하면서 쓴 '자본론'은 그의 직접 경험으로 근거한 저서이기도 합니다. 공장 노동자들은 모두 분업 형태로 일하며 물건을 생산하며 그 물건은 모두 상품의 형태로 가공되어 밖으로 나가서 매매의 대상이 됩니다. 정도의 차이는 있지만 상품은 소비자의 필요에 의해 소모되는 효용성을 지닙니다. 그렇기 때문에 효용성의 가치가 가격을 매기는데 영향을 미칩니다. 그러나 상품의 가격은 효용성에 좌우되지 않습니다.

가격을 결정하는 요소 중 효용성보다 훨씬 더 큰 비중을 가진 조건은 그 상품을 만드는데 드는 노동자들의 노동시간이 얼마나 소요되었는가 하는 점입니다. 그러므로 노동시간과 상품의 가격은 거의 비례하게 됩니다. 상품에 속하는 것은 공장에서 생산한 물건만이 아닙니다. 화폐에도 상품의 기능이 있습니다. 금과도 맞바꿀 수 있는 것이 화폐이고 그 어떤 상품과도 바꿀 수 있는 역할을 하는 것이 화폐이므로 넓은 의미에서 화폐도 상품입니다. 화폐를 상인에게 주고 상인의 상품과 맞바꾼다는 것은 상품을 만든 인간의 노동과 화폐를 맞바꾼다는 것을 의미합니다. 여기에서 바로 인간의 노동조차도 상품이 되는 자본주의 경제법칙이 형성됩니다.

공장에서 상품을 만드는 인간을 노동자라고 합니다. 노동자는 기계와 재료 등에 해당하는 생산수단을 소유하지 못한 인간입니다. 생산수단을 소유한 인간은 공장의 주인인 자본가입니다. 생산수단을 갖지 못한 노동자는 자본가에게 고용되어 노동력만을 제공할 뿐입니다. 여기에서부터 자본가와 노동자 사이에 지배와 종속의 위계질서가 만들어집니다. 노동자가 가진 것이라고는 자신의 몸과 노동력밖에는 없습니다. 생산수단을 소유하지 못한 까닭에 다른 인간을 노동자로 고용할 수 없고 오로지 자신이 노동자가 될 수밖에 없습니다. 노동자의 몸에서 나오는 노동력은 정신적 능력과 육체적 능력으로 구성되며 노동자는 자신과 가족의 생계유지를 위해 자본가에게 자신의 노동력을 팔수밖에 없습니다. 자본가는 노동자에게 임금을 주고 노동력이라는 상품을 삽니다. 노동자는 노동력이라는 상품을 자본가에게 팔아 임금을 얻습니다. 이것을 '노동력의 매매'라고 합니다.

노동자가 판매한 상품으로서의 노동력은 노동자가 받는 임금으로 매겨집니다. 노동자의 임금은 그의 노동력 즉 정신적 능력과 육체적 능력을 생산하기 위한 가치와 비용이 얼마나 되는가에 따라 정해집니다. 노동자의 노동력을 산출하기 위해 자본가가 들이는 비용은 노동자 가족의 생계비와 같습니다. 그런데 자본가는 노동력을 자신의 자본으로 사들였다고 생각합니다.

자본가에게 노동자의 노동력은 상품이 되는 것입니다. 이 상품을 소유한 주인이 바로 자신이라고 생각하는 까닭에 자본가는 상품을 자신의 목적에 따라 활용하게 됩니다. 자본가는 노동력이라는 상품을 구매하는데 들인 비용. 노동자의 임금에 해당하는 돈을 다시 거둬들이기 위해 노동자에게 노동을 부과합니다. 그런데 자본가의 목적은 노동자의 노동력에 지불한 비용을 회수하는 것이 아니라 그 이상이 이익을 거두는 것입니다. 그러므로, 노동자의 임금 수준을 뛰어넘는 무리한 노동시간을 요구하는 경우가 허다합니다. 여기에서 자본주의 경제구조의 큰 폐단이 생겨납니다.

노동력을 구매하는데 들인 비용을 회수할만큼 부과하는 노동을 '필요 노동'이라 합니다. 그 비용을 거둬들이는 수준을 초월하여 노동자에게 부과하는 노동을 '잉여 노동'이라고 합니다. 칼 마르크스가 런던 노동운동에서 조금이라도 완화하고자 애썼던것이 바로 '잉여 노동'에 대한 개선입니다.

자본은 그것에 상응하는 사회적 생산과정에서 일정량의 잉여노동을 직접적 생산자(혹은 노동자)로부터 뽑아내는데 이러한 잉여노동은 자본이 아무런 등가물 없이 거두어들이는 것으로서 그것이 아무리 자유로운 계약상 합의의 결과로 나타난다 할지라도 '본질적으로는 여전히 강제노동'인데 이러한 잉여노동은 잉여가치로 나타나고 잉여가치는 잉여생산물 속에 존재합니다. 자본가는 노동자의 임금으로 지불한 비용을 상회하는 노동시간을 강제적으로 부과하고 노동력을 활용하면서도 이러한 초과 노동에 대하여 별도의 초과 임금을 지불하지 않습니다. 자본가는 노동자의 잉여노동을 통하여 그의 노동력에 지불한 비용 이상의 값을 벌어들입니다. 초과노동에 대한 초과임금을 지불하지 않는 현상을 마르크스는 '착취'라고 규정했습니다. 우리의 귀에 익숙한 '착취'라는 개념은 마르크스 경제학 저서 '자본론'에서 최초 사용된 용어이며 이제는 일반적으로 사용 중입니다.

마르크스는 노동자의 잉여 노동에 의해 만들어진 상품의 가치를 '잉여 가치'라고 명명하였습니다. 잉여 노동에 대한 대가를 노동자에게 지급하지 않은 상태에서 잉여 노동에 의해 산출된 생산성. 즉, 잉여가치를 극대화하려는 것이 자본가의 목적입니다.

이렇게 자본가는 노동자의 노동력을 착취하는 행위에 의해 노동자의 임금보다 몇 배나 더 많은 이익을 거두고 자본을 축적해 갑니다. 마르크스는 바로 이것이 자본주의 경제시스템이 안고 있는 불합리한 모순임을 맹렬하게 비판했던 것입니다. 이와 같이 불합리한 생산 시스템을 꿰뚫어 본 마르크스는 그 당시의 자본주의 사회를 거대한 착취 구조의 사회로 규정합니다. 그가 파악한 자본가와 노동자의 관계는 착취의 관계 그 이상도 그 이하도 아니었습니다. 자본가가 노동자를 고용하는 궁극의 목적은 잉여가치를 극대화하기 위한 것이기 때문입니다. 노동자에 대한 착취의 강도가 강화될수록 자본가가 얻는 잉여가치는 증대하기 마련입니다. 자본가는 이 잉여가치 중 일정한 부분을 따로 떼어내 상품을 생산하는 생산수단인 기계들과 재료들의 구입 비용으로 전환합니다.

자본가가 생산수단을 보강하는 쪽으로 잉여가치의 일정 부분을 투자하는 것은 노동자의 잉여노동을 통해 잉여가치의 생산성을 극대화하려는 목적을 이루기 위함입니다. 이때 잉여노동에 대한 대가를 지불하지 않기 때문에 자본가는 '잉여노동의 길이'에 대해서는 문제의식을 갖지 않습니다.

사회의 현실적 부나 사회의 재생산 과정의 부단한 확장 가능성은 잉여노동의 (시간의) 길이에 달려있는 것이 아니라 그것의 생산성에 달려있고 그것이 수행되는 생산 조건이 어느정도 풍부한가에 달려있으며 노동자의 대가 없는 잉여노동이 전개되는 순간부터 자본가의 관심은 잉여가치의 '생산성'에만 집중된다는 것을 지적하고 있는 것입니다.

잉여가치의 생산성이 이루어지는 '생산 조건을 풍부하게' 갖추려는 자본가는 기계와 재료 등의 생산수단을 강화하는 비용을 늘려나갑니다. 생산 수단의 양을 늘리거나 질을 높이는데 투자하는 비용이 증가할수록 자본가는 노동자의 노동력을 구매하는데 들이는 비용(임금)을 줄여나갑니다. 그러면서도 잉여노동에 의해 잉여가치를 증대하려는 구조를 더욱 확대하는 이중 효율을 추구합니다.

착취의 악순환과 잉여가치의 재생산이 지속적으로 반복됨에 따라 자본적 이익의 그래프 꼭짓점은 상승하며 노동자의 임금 그래프 꼭짓점은 하강합니다. 즉, 노동력에 대해 지불하는 임금의 비중이 저하되고 상대적으로 잉여노동에 의한 잉여가치의 비중이 높아짐에 따라 개별적 사업장의 노동자 수는 늘어날 수 밖에 없습니다. 이렇게 싼값으로 고용한 노동자 수를 늘리는 대신 그들의 잉여 노동에 대한 값을 지불하지 않을수록 잉여가치를 극대화할 수 있다는 자본가의 계산이 자본주의 사회의 경제 운영 방식으로 고착되고 말았습니다. 마르크스는 시대를 앞질러간 천재라는 사실을 그의 이론이 증명합니다.

OHW : 자본가의 호주머니가 불룩해질수록 노동자의 지갑은 야위어 갑니다. 자본주의 경제의 구조적인 모순으로 발생하는 '빈익빈 부익부'현상을 이미 마르크스는 160년 전부터 '자본론'에서 냉철하게 지적하며 강하게 비판한 것입니다. 착취 구조를 개선하지 않는 한 인간 존엄성을 가진 노동자를 자본적 이익을 위한 도구로 악용, 남용, 오용하는 악습의 굴레는 사라지지 않을 것이라고 지적하는 '자본론'입니다.

53. 민주주의 기본서

스위스 제네바에서 출생한 프랑스 계몽 사상가인 장자크 루소(1712~1778)는 공화주의 사상과 직접 민주주의 사상을 유럽에 확산시킨 장본인 입니다. 만인의 평등과 자유를 주장한 그의 사상은 프랑스 대혁명을 이끄는 정신적 원동력으로 작용하였으며 절대 왕정을 무너뜨리고 공화주의 사회를 건설하는데 사용된 루소의 '인민 주권론'과 '사회계약론'은 오늘날의 민주주의 교과서가 됩니다.

1762년 네덜란드에서 출간된 루소의 '사회계약론'은 프랑스를 비롯한 유럽 각국의 시민들에게 정치적 자유의 비전을 안겨주면서 권리 의식을 각성시켰고 그들 스스로 가둔 억압의 틀을 깨뜨리게되는 논리는 바로 인간은 자연상태에서 본질적으로 자유롭고 평등한 존재로 태어났지만 자연상태를 벗어나 문명의 발전과정에 접어들면서 불평등과 부자유의 사슬에 얽매이게 되었다고 하는 사회계약론의 주장으로 많은 이들의 의식에 불꽃이 튄것입니다.

'사회 계약론'은 본래 인간이 갖고 있었던 평등과 자유를 회복하기위한 사회적 해법을 제시하면서 신분제, 절대왕정제, 전제군주제 등 전통적인 봉건질서를 혁파할만한 총체적인 이론을 담고있는 인류사 최초의 정치혁명 사상서입니다.

루소가 세상을 떠난지 10년도 더 지난 1789년 파리에서 일어난 프랑스 대혁명을 추진시킨 원동력은 루소의 사회계약론에 나오는 사상이었습니다. 현재 우리가 알고있는 자유, 평등, 주권 이라는 개념들은 루소의 사회계약론에서 최초로 나오며 세계 어느 국가이든 민주공화국이라면 그 나라 헌법에 어김없이 들어가는 기본조항들은 이책에서 나왔으므로 민주주의 모태 기본서적 이라고 봐야 됩니다.

루소는 인간이라는 존재를 이렇게 정의하는데요. 인간은 본성적으로 자유롭게 태어났으며 인간의 자유는 누구에게나 평등하게 부여된 권리라고 주장하였습니다. 평등과 자유는 자연권으로써 인간에게 주어졌다는 것입니다. 즉, 인간은 자연상태에서는 평등한 존재였습니다. 그러나 자연을 벗어난 문명의 발전 과정에서 권력으로 지배하는 인간과 그에게 예속되는 인간으로 인위적인 불평등의 사회구조가 형성되었다는 것이 루소의 역사 인식입니다.

이러한 그의 인식체계는 '인간 불평등 기원론'에서 서술됩니다. 그렇다면 루소가 제기한 인간불평등에 대한 문제를 해결하고 자연권인 평등과 자유를 회복하기 위해서는 어떤 대안이 필요할까요? 인간 사회구조의 개혁 방식을 체계적으로 서술한것이 '사회 계약론'이며 이 책의 내용은18세기 절대왕정의 왕족과 귀족들에게는 자다가도 경기를 일으킬 정도의 내용이었으므로 당시 그의 사상적 용기와 자신의 이론에 대한 확고한 믿음이 느껴집니다.

사회계약론 제1편 제1장을 보면. 사람은 자유롭게 태어났다. 그러나 도처에서 사슬에 묶여있다. 자기가 남의 주인이라고 생각하고 있는 자도 사실은 그 사람들 이상으로 노예이다. 라고 하며 노예위에 서있는 자들도 노예일뿐이라며 왕족과 귀족들에 대해 통렬하게 일갈 합니다. 인간이라면 누구나 예외없이 태어날때부터 자유로운 존재였다. 그러나 군주와 귀족이 움켜쥐고 있는 권력의 사슬에 묶여 그들의 지배와 착취를 감당할 수밖에 없는 자유의 박탈 상태가 오랫동안 굳어져왔다는 사실을 부각시킨 그 시대의 사상 혁명가였던 '루소'로 인해 자신들의 천부인권을 대중들이 깨닫게 됩니다.

그는 인간이 마땅히 누려야할 천부적인 자유를 인간에게 돌려주기 위해서는 자유를 억압하는 위계질서의 사슬을 끊어야 한다고 선포하였으며 그렇게 해야만 지배와 착취로 뒤얽힌 탐욕의 사슬에 묶여있는 왕족과 귀족도 자연상태의 본성적인 자유를 되찾고 인간의 본래 모습으로 돌아갈수 있다고 했습니다만 왕족과 귀족들은 절대 손에 쥔 권력과 지배 착취 구조를 깨뜨리고 싶어하지 않았습니다.

자기 자유의 포기. 그것은 인간으로서의 자격. 인류의 권리 및 의무까지 포기하는 일이며 누구든지 모든 것을 포기하는 사람에게는 아무런 보상도 주어지지 않는다. 이렇게 자연의 상태에서 타고난 자유와 평등의 권리를 박탈당하거나 침해당하지 않도록 하기위해서 법으로 '사회 계약'을 맺어야 한다는것이 사회계약론의 이유와 목적이라고 루소는 주장 했던 것이며 위정자의 권력에 의해 억압당하거나 빼앗길 수 없는 천부적인 권리는 자유와 평등이라는 루소의 주장은 프랑스, 유럽 뿐 아니라 미국까지 건너가서 큰 영향을 줍니다.

개인의 천부적인 권리인 자유와 평등을 보장받기 위해서는 모든 시민이 법률의 구속력에 의해 합의하는 합법적인 '사회 계약'을 맺어야 한다. 이 합법적인 계약에 의해 탄생한 공적인 단체인 국가는 이 공동체의 구성원인 시민들의 자유와 평등 행복권을 추구하고 보호하는 단체가 되어야 한다는 것입니다.

요즘 민주주의 공부가 제대로 되지않은 무식한 정치인들이 자주 범하는 오류는 국민은 국가를 위해 봉사도 하고 희생도 해야한다는 것이며 국민이 일부 희생되어도 된다는 발언들을 아무렇게나 하던데요? 이런 사람들은 군주제였더라면 왕에게만 절대복종하고 국민들을 심하게 착취했을것입니다. 민주주의 개념조차 모르는 매우 무식한 사람들입니다. 민주주의 핵심 이론은 국민이 국가를 위해서 존재하는 것이 아니라는 것입니다. 국가가 국민을 위해 존재하는 것이 국가 성립의 이유라는 것입니다. 정치의 목적이자 최선의 가치는 국가가 아니라 국민이기 때문에 국민의 비전, 국민의 행복, 국민의 자유, 국민의 권리를 위해 국가는 정치적 수단이 되어야 한다는 것이라는 실러의 정치 사상은 루소의 국가관을 심플하게 비춰줍니다.

OHW : 짧은 세치 혀와 위선적인 처세술로만 정치하는 사람들이 많습니다.
선출직 정치인들은 민주주의 시험을 치루도록 해야합니다. 입시처럼 시험 봐야한다고 생각하는 이유는 그들의 언행이 너무 무지해서 입니다.

제3부
생각하는 시간

54. 왜 2백 년 동안?

세계 1차 대전이후 발생한 인도의 독립운동에 대해 영국은 거칠게 무력으로 진압했습니다. 인도 입장에서 독립이 어려워진 실질적인 이유는 영국의 무력이 아니고 '비폭력'을 설파하는 자국내 인도인들 때문이었습니다. 그들은 평화적 비협조라고 불렀지만 실제로는 그들이 영국에게 평화적으로 협조를 한 셈입니다.

그 당시 인도에 주둔하고 살았던 영국인들은 불과 15만 명이었고 인도인은 3억 명으로써 2천배 차이 납니다. 소수 영국인 15만 명이 인도인 3억 명을 컨트롤 할 수 있었던 이유는 바로 정신적 우월감 때문입니다. 소수가 다수를 지배하려면 지배자가 피지배자에게 압도적으로 우월하다는 아우라를 보여줘야 합니다. 물리적 힘인 군사력은 물론이고 정신적 우월성도 반드시 필요합니다.

이것보다 더 중요한 것은 피지배자들 인도인들 스스로 자신들에 대해 열등하다고 여기며 영국에게 지배받고 사는게 자신들을 위하는 것이라고 굳게 믿게 해야 하는것에 있습니다.(일본에 지배 받았을 때 한국이 당한 것과 동일 수법입니다.)

1757년 플라시 전투를 승리하며 인도로 주둔해 들어와서 영국의 교육과 지도가 인도인들에게 꼭 필요하다고 설득해서 제자리에 묶어둔 것입니다. 그 뿐이었습니다. 그들의 문화는 야만적이고 종교는 거짓된 신에 기반한 것이고 문화와 건축물도 영국보다 열등한 것으로 보이게 계속해서 교육으로 세뇌한것입니다. 인도인들은 영국의 전략에 간단하게 넘어갔으며 달랑 15만 명으로 2천배가 넘는 3억 명을 마음껏 통제하며 무려 2백 년을 식민지 상태로 잡아놓습니다.

어떻게 2천배가 넘는 인구 숫자를 가지고도 2백 년동안이나 억압받으며 살수가 있냐? 라고 말하지만 어설프게 비폭력이라는 심리를 잘못 적용하게되면 국가 전체가 엎어지는 것입니다.

OHW : 우리나라에서는 지금도 식민지 시대의 일본을 찬양하는 분들이 있습니다. 일본의 교육과 지도 덕분으로 이만큼 살 수 있다고요. 그렇게 말하는 이들은 인도가 영국에게 2백 년동안 스스로 붙잡혀 살게한 부류들처럼 정말 위험한 사람입니다.

55. 스스로를 낮추고 겸손하면 거의가 고수라는 사실을

특별한 경우가 아니라면 우리의 의식은 우리가 잠들어 있지않은 동안에만 활동합니다. 그에 반해 우리의 무의식은 깨어있는 동안은 물론이고 잠들어 있는 동안에도 활동을 멈추지 않는다는 한스 게오르그 가다머 Hans Georg Gadamer 그는 무의식이 활동을 멈추고 쉬는 경우가 있는지는 모르겠지만 특히 의식이 활동하지 않는 경우에는 무의식의 '독무대' 처럼 되어 버린다고 주장합니다.

가다머는 학생들이 질문하면 늘 '그건 내가 잘 모르는 것'이라는 말을 먼저했습니다. 관대하면서도 배우는 자세를 가진 그는 고명한 학자였고 늘 자신의 부족함을 인정하고 반성하며 철학적 깨달음을 얻는 삶을 살아가는 태도를 가진 사람이었습니다. 80이 넘은 저명한 노학자인 그가 신입 강사였던 로티의 강의를 열심히 청강했다는 일화는 조금만 알아도 생색내는 우리의 머리를 숙이게 만듭니다.

그는 '진리와 방법'이라는 저서를 통해 현대 해석학 기초를 다진 대가입니다. 철학의 정의를 '올바른 질문을 던지는 일'이라 했는데 정답을 바라지 않고 던지는 질문들은 더욱 깊고 넓은 사고를 이끌어 내기 때문입니다. 철학은 설익을수록 학문적 난이도가 있고 고집이 셉니다. 그의 동료들은 학문 난이도를 판단할 때 GAD(가다머 약자) 1. GAD2로 말을 만들어 붙였습니다. 그만큼 그의 학문이 난해했다는 뜻입니다. 비꼬는 약어라도 그의 이론은 어렵다는 뜻입니다.

동시대의 지성 하이데거에게 가다머는 깊은 열등감을 느끼면서 더욱 공부에 매진했다는 그가 노년 81세에는 데리다와 직접 논쟁을 벌이기도 하며 100살 넘는 나이에도 예비 대학생을 위한 교양프로그램을 만들어 냅니다. 각계 거장들의 삶은 닮은 점이 하나 있습니다. 첼로의 거장인 파블로 카잘스처럼 철학계의 거장 가다머도 80 넘어도 부족하다며 배우고 연습하는 삶을 살았다는 점입니다.

우리가 나라고 말을할 때 사실 나가 의미하는 바는 사실상 우리의 의식이며 대부분의 경우 무의식은 이야기의 대상조차 되지 못합니다. 하지만 단순하게 활동 시간으로 보나 아니면 상호간의 영향력으로 보나 우리에게 있어 진짜 나는 의식이 아니라 무의식이라 보는것이 오히려 타당할 것 같습니다. 그렇기 때문에 오래 전부터 많은 철학자들이 우리의 의식을 의심의 눈초리로 바라보았고 정신분석은 그런 의심이 결코 오해가 아니었음을 우리에게 확인시켜 줍니다. 가다머는 하버마스와의 논쟁에서도 적당하게 타협하지 않습니다. 소신이 워낙 강한 그는 자신이 주장하는 '참여해서 경험 하는 것'과 '거리두고 관찰하는 것'은 동시에 일어날 수 없는 일 이라는 것을 조금도 굽히지 않았습니다.

가다머에게 있어서 이해란 언어와 언어가 나누는 대화인데 대화의 한쪽은 말을 걸어오는 쪽이고 다른 한쪽은 그 '말 걸어옴'에 대해 응답하는 우리 자신입니다.

우리는 그런 대화 과정에서 이해를 경험하게되며 또 다른 이해의 경험은 우리의 의지와 상관없이 지속적으로 일어납니다. 그런 의미를 담아서 가다머는 우리 자신을 '이해하는 존재'로 규정합니다.

OHW : 가다머의 말대로 우리가 이해하는 존재라면 우리는 어떠한 경우에도 이해를 중단할 수 없습니다. 이해를 중단할 수 없으니 이해로부터 벗어날 수도 없고 이해와 관련된 어떤 것으로부터 거리를 두고 관찰할 수도 없게된다는 것입니다. 일부에서 가다머의 고집이라고 부르는 것은 반지성의 역설과도 같아서 제대로 사유하는 인간이 오히려 불행해지는 상황이 오지않도록 해야겠습니다.

56. 소비의 개념 정의

도스토예프스키는 '지하 생활자의 수기'에서 '한 번 시험삼아 지상의 온갖 행복을 인간의 머리위에다 한꺼번에 퍼부어 행복 속에 풍덩 가라앉아 버리게하여 그 행복의 표면에 물거품 같은것이 꾸럭꾸럭 떠오르게 해보라' 아니면 '인간에게 충분하고도 남을만한 경제적 만족을 주어 실컷 잠이나 자고 꿀떡이나 먹고 세계사의 영속이나 걱정하는 따위의 일 밖에는 아무것도 할 일이 없는 처지에 놓아 보라'고 하며 소비 인간의 한계를 가늘게 그어 놓았습니다.

그리고 장 보드리야르는 소비 실천에 대한 정의와 개념부터 다르게 확립합니다.
소비의 실천은 현실세계와 소비자의 관계에서 이해, 책임, 투자의 관계가 아니며 또한 완전한 무관심의 관계도 아니며 그것은 '호기심의 관계'로 봤습니다. 즉, 소비의 차원은 세계에 대한 인식의 차원이 아니며 완전한 무지의 차원도 아니라 '오인의 차원' 이라는 것입니다. 호기심과 오인 誤認은 현실에 대한 동일한 전체적 활동인 매스커뮤니케이션에 의해 일반화되고 체계화된, 따라서 '현대 소비사회'의 특징적인 행동을 가리키는데 이 행동이라고 하는것은 기호에 굶주리고 또 기호에 의해 증폭되는 불안이라는 감정에 기초한 현실 부인이라는 것입니다.

소비하는 장소에 대해서는 그것은 일상 생활이며 일상 생활이라는 것은 단순히 일상적인 시간 및 행위의 전체. 진부함과 반복의 차원이 아니라 '해석의 체계'이며 또한 일상성이라는 것은 초월적으로 자립한(정치, 사회, 문화)의 추상적 영역과 '사생활'의 내재적이고 폐쇄된 추상적 영역으로의 전체적 실천의 분열이라고 소비에 대한 접근 개념에 대해 헛바퀴 돌리지않고 깔끔하게 정리했습니다.

소비는 개인의 사생활이라는 울타리, 개인의 형식적 자유, 환경에의 완전한 적응과 부인위에 세워지는 일관된 체계 속에서 퇴행적인 방식으로 재구성됩니다. 전체성의 관점에서 보면 일상성은 보잘것 없는 찌꺼기에 불과하지만 그것은 전면적 자립과 내부용 세계의 재해석 노력이라는 관점에서 보면 의기양양한 행복감이 넘치게 되는데 바로 이 지점에서 사생활의 일상적 영역과 매스커뮤니케이션의 유기적 결탁이 존재합니다. 또한 체험수준에서의 소비는 현실적, 역사적, 사회적 세계의 최대한의 배제를 안전을 위한 최대 지표로 삼고 있습니다. 소비는 긴장의 해소라고하면서 결여에 의한 행복을 노립니다.

이러한 일상성은 사회적 지위와 수동성에 의한 행복의 정당화와 운명의 희생자에 대해 느껴지는 '우울한 즐거움'의 기묘한 혼합물을 제공합니다. 이 모든 것은 어떤 심성. 즉, 특수한 감상을 구성합니다. 소비사회는 위협받고 포위된 풍부한 예루살렘이라고 합니다. 이것이 소비사회의 직접 이데올로기 입니다. 부유한 사회의 풍부함이 어느정도 낭비와 관련되어 있는지는 알려져 있습니다. 왜냐하면 사람들은 쓰레기통의 문명에 대해 말하고있고 심지어는 쓰레기통의 사회학을 구상할 수 있을 정도가 되었기 때문입니다.

당신이 무엇을 버리는지 말해 보세요. 그러면 당신이 어떤 사람인지 말해주겠습니다. 낭비되는 쓰레기 통계는 공급된 재화와 그 풍부함의 양에 대한 쓸데

없는 기호에 불과합니다. 요컨대 낭비는 인간으로 하여금 비축품을 태워버리게하고 자신의 생존조건을 비합리적 행동에 의해 위태롭게하는 일종의 광기, 착란, 본능의 역기능으로 간주합니다. 이러한 시각은 적어도 우리가 진실로 풍부한 시대에 있지 않다는것을 드러냅니다.
셰익스피어 조차 '리어왕' 에서
'아. 필요를 논하지 마세요! 가장 비참한 거지도 가장 하찮은 것에서는 아직도 약간의 여분을 가지고 있습니다. 자연을 결핍상태로 되돌아가게하면 인간은 동물에 지나지 않게되고 인간의 삶은 어떤 가치도 없습니다' 우리가 인간답게 살기 위해서는 약간의 여분이 필요하다는 것을 이해하실 겁니다.

풍부함이란 것은 결국 낭비속에서만 의미를 갖는것인가요? 아닙니다.
자신의 삶에 부여하는 집단적 의미와의 상충을 저는 이렇게 정리하겠습니다.
풍부함은 장래를 예측하며 비축해 놓은 과거의 축적과 현재 행위의 결과물 합으로 나타나는 상태라고 주개념화 하겠습니다.

니체도 자기 힘을 쓰는 생명체의 힘을 노래했습니다만 무지한 인간들은 보란듯 쓸데없는 낭비를 통해 자신의 우월성을 확인하고 자신의 지위와 가치를 확인받기 위해 그것을 버리기까지도 하며 합리적인 효용과는 거리가 있는 비합리성적 소비를 하며 그것을 과시하고있는 세상입니다. 아무리 좋게봐도 비정상입니다.

미디어들이 만들어놓은 허구적 세상 속에서 우리들은 늘 착각하며 유영 중입니다. 하루종일 지속적으로 반복되며 넘치듯 쏟아지는 각종 프로파간다는 결국 우리 대다수 인간들을 완벽하게 제압하며 세뇌하는데 성공한 것입니다.

OHW : 급격한 소비를 부추겨야만 거품 경제가 돌아가는 테크노라트 자본들에 의해 인간들의 이성적이고 절제된 완만한 소비활동은 제거된지 오래입니다.

57. 윤리가 필수 교육인 이유

애덤 스미스는 정육점, 양조장, 빵집 주인들에 대한 이야기를 하며 자유시장경제는 모든 경제 주체가 이기적이라는 전제를 하고 출발하는 그는 현재의 자유시장경제 체제를 최초로 정의하고 틀을 짠 시조 격입니다.

종교적으로 들여다봐도 인간은 이기적인 존재가 맞습니다. 오로지 하느님만이 구원할 인간을 지목할 수가 있습니다. 그런데 어느순간부터 변질되어서 인간들 중 누군가가 앞에 나서서 설교하고 돈을 거둬가며 현란한 말빨로 누구는 지옥가고 누구는 천당 간다는 말을 자신이 신이된 듯 거침없이 해댑니다. 혹자는 신을 대리한다고도 하는데 그렇다면 그가 신들린 무당이지 올바른 목회자는 아닙니다.

인간은 원래 선하지만 선악과 유혹에 넘어간 순간부터 사악하게 변했다는 것이 기독교의 원교리입니다. 유혹에 넘어간 후손들인 인류는 당연히 사악한것입니다. 종교든 과학이든 다 이렇게 사악한? 아니 순화해서 이기적인 인간이라고 언어를 순화해줘도 인간들은 스스로를 선하다고 말합니다. 거짓입니다. 인간은 절대 선하지 않습니다. 그렇기 때문에 이성적인 사유가 필요하고 절제하며 살아야 하는 것입니다. 무엇보다 인간은 누구나 언제든 조건만 되면 악해질 수 있다는 걸 알고 겸손하게 살아가야 합니다.

가끔 질문 하나로 선하지 않기에 선하게 되도록 의지를 세우고 살아야함을 알게됩니다. 당신은 백화점에서 물건을 살 수 있을 정도의 여유가 있습니까? 그렇다면 개인 가처분 소득 중 만원이라도 매월 배고프거나 버림받은 사회적 약자를 위해 기부할 수 있습니까? 막상 타인을 돕기위해 만원이라도 본인 주머니에서 끄집어 낼려면 아깝고 그 돈으로 당신 하고싶은 것들을 계속해서 충족시키는게 낫다는 생각이 들겁니다. 괜찮습니다. 본인이 우선이죠. 원래 인간은 늘 이기적이며 자신이 최우선이니까요. 그래도 인간은 가끔은 이타적으로 됩니다 '그래야 원조에 속죄하듯. 아~ 그래도 나는 선한 사람이라는 자기 합리화가 가능해지고 양심이 편해지니까요.' 이조차도 안한다면 그 사람은 타고난 악인입니다.

인간의 본질은 자신이 최우선이되는 이기적 성향이기 때문에 여름 해변가 상점 주인들은 틈만나면 손님에게 바가지를 씌우려 들고 노동자들은 일안하고 농땡이 칠 기회만 노리며 고용된 월급쟁이 사장들은 주주들에게 돌아갈 이윤보다는 자신의 월급과 특전을 늘리는데 혈안이 되는 것입니다. 이러한 이기적 본성들에 의한 행위를 완전하게 없애지는 못해도 자유시장 경제에서는 이러한 이기적 본성들을 통제할 힘을 나타내기 시작하는데 경쟁 상점들이 생기게 해서 상인들이 바가지를 쉽게 씌우지 못하게 하고 일자리 보수가 타인보다 낮아질 수 있다면서 노동자들이 쉽게 게으름을 피우지 못하게하며 그리고 주가가 떨어지면 대표이사 자리가 위험해지게 해서 월급쟁이 사장이 주주들의 돈을 까먹지 못하도록 합니다만 이와는 전혀다른 세계에 속해있는 공직자들. 즉 정치인과 정부 관료들은 자유시장 경제 논리에 적용되지 않는 가장 머리아픈 존재들이어서 심각한 문제가 발생합니다. 이들이 사리사욕을 챙기기 시작하면 시장에서 효과적으로 제어할 방법이 없습니다. 법으로 제어하지만 이것도 들켜야 겨우 제어? 됩니다.

정치인들은 서로 경쟁을 하지만 4년에 한 번 하는 선거만으로는 제어가 되지 않습니다. 따라서 이들 정치인은 국가의 이익을 희생해서 자신의 부와 권력을 늘리는 정책을 추진할 여지가 매우 높습니다. 사리사욕을 채울 기회는 정부 직업 관료들에게 더 많습니다. 이들은 선출직 정치인들이 선거구민이 원하는 정책을 추진하려해도 실질적으로 그 일을 수행하는 직업 관료들은 정치인들을 혼란하게 만들어서 질질끌며 지연하기 일쑤이기 때문에 정치인들이 옳은 일을 하려고 해도 추진이 쉽지 않은 것입니다. 핵심적인 국가 정책사업외에는 정부 관료들 뜻대로 조정하는 것은 그리 어려운 일이 아닙니다.

관료들은 아주 조금이라도 본인에게 문제가 될 소지만 있다면 앞에서는 정치인들에게 장관님, 의원님 하며 과할 정도로 굽신거리면서도 뒤돌아서는 순간부터 정책을 지연시키면서 다음 선거때까지 일하는 시늉만하며 버틴다는 주장을 W.B 세계은행 심포지움에서 경제학자들이 발표할 정도였습니다. 우리나라뿐만 아니라 세계 어디서나 나타나는 현상이라는 것입니다.

자유시장 경제학자들은 이런 의미에서 정치인과 관료집단 공무원이 경제에 영향을 줄 수 있는 범위를 최소화해야 한다고 말하는 것입니다. 제가 보기에는 경제학자 집단이라고 뭐 그들과 달라 보이지 않습니다. 아무튼 시장경제 논리에서 자기 이익만을 취한다는 것을 전제로 한다는 것은 곳곳에서 증명됩니다. 가까운 마트에만 가봐도 실제 경험 가능합니다. 상자 밑에 무르거나 오래된 과일을 넣고 파는 양심없는 가게 주인, 언제 것인지도 모르는 오래된 과자를 풀어 팔며 제 값 다받는 과자가게 주인, 먹으면 불로장생할 듯 차고넘치는 과대 광고들과 부패하고 복지부동하는 정치인과 공무원들 이야기는 끊임없이 듣습니다.

OHW : 인간행동 동기의 복잡성을 연구해서 발표하고 분석하고 어쩌고 한지 벌써 수백 년 입니다. 그 많았던 연구들의 종착점은 '인간은 이기적'이라는데 도달합니다. 본인부터 살고보자는 것은 생존본능으로써 거스를 수 없으며 지금 살아남은 모든 인간들은 이러한 이기적 유전자를 갖고 태어났습니다. 이타적이고 천사처럼 순수한 유전자는 오래전 도태되었고 존재해도 소수이며 희귀하기 때문에 한시도 방심하지 말고 꾸준하게 도덕심을 키우는 교육은 진행되어야 하고 절제하는 사회적 환경 조성이 필요한 것입니다.

58. 지옥의 과제

프랑스 철학자 장 폴 사르트르는 '타인은 곧 지옥이다'라고 하지만 테네시 윌리엄스는 '타인이 아니라 자신이 곧 지옥이다'라고 합니다.
넬 노딩스는 '악마는 역겨운 냄새를 풍기며 나타나는 것도 아니고 살벌한 한기와 캄캄한 어둠속에서 자신의 존재를 알리지도 않는다' 우리가 불행에 빠진 것도 아니고 악마가 우리를 옭아매는것도 아니다. 오히려 우리가 의도적으로 그렇게 행동하는 경우가 더 많다. 라며 인간의 자유의지가 결정하는것에 대한 판단책임은 본인들에게 있다고 주장합니다.

세계 곳곳에서 발생하고 있는 인종 대학살 뉴스를 접할 때마다 짧은 탄식으로 끝나며 내 발등에 불은 아니기에 금세 무덤덤해 집니다. 악한 사람을 비난하는 것 만큼 쉬운 것은 없고 선함을 실행하는 것 만큼 어려운 것은 없기 때문일 것입니다.

나치의 인종대학살이 벌어질 당시에도 증오를 초월해서 살아가는 '선량한 사람들(Alles Goeie Mensen)'은 학살에 저항하고 위험에 처한 사람들을 구조했습니다. 증오를 일반화하는 인간들에 대해 동조하지 않고 사랑을 구체화한 숭고한 사람들입니다. 용서는 복잡한 것입니다. 프리드리히 니체는 '용서는 나약함'이라고 했습니다. 그리고 오드리로드는 '용서는 부당한 것'이라고 강하게 주장합니다. 왜냐하면 억압하는 자들은 자신들의 위치는 고수하면서 행동에 대한 책임은 회피하기 때문입니다.

분노를 품고있는 사람은 분노가 자신을 아프게 한다고 생각하면서도 분노를 잊지는 않습니다. 다만, 분노에 내 삶을 묶지는 말아야한다는 것을 알기에 또 다른 내 삶의 길에 집중하는 것입니다. 인간성의 말살은 말하는 방식이 아니라 사고방식에 관한 것이며 놀랍게도 모두 쉽게 접하게 되는 사고방식이라고 리빙스턴 스미스는 말합니다. 아무리 위험한 규범일지라도 규범을 지키고자하는 인간의 욕망이 갖는 엄청난 힘은 1960년대 심리학자 스탠리 밀그램의 실험에서 이미 밝혀졌습니다. 이 실험은 아돌프 아이히만이 정상적인 사람이라는 한나 아렌트의 주장에 쇼크받은 스탠리 밀그램이 과연 그러한가?라는 의문을 갖고 평범한 사람들이 폭력을 행사하도록 유도하는 상관에게 어느정도까지 복종하게되는지 실험해 본 것입니다.

학살당시의 공간과 시간속에서 그들은 규범이라고 여기게되는 명령에 대해 믿었고 그들 스스로 합당하다고 생각하며 스스로 자행한 것입니다. 식민지 시대 초기 원주민 학살부터 아프리카인의 노예화에 이르기까지 '집단적인 악'이 하나의 규정처럼 이행되었고 인종차별적인 행동으로 많은 이들이 목숨을 뺏았습니다. 이는 어두운 곳에서 쉬쉬하면서 몰래 벌어진 일들이 아니고 밝은 대낮에 이루어졌으며 공공연한 그들의 기념행사와도 같은 살육이었습니다. 종종 수천명에 달하는 백인들이 모여서 피해자를 질질끌고 다니며 고문하는 행위와 신체를 훼손 절단하고 심지어는 불태우기까지 하는데 이를 사람들은 즐기며 구경했습니다. 이것은 미리 계획된 살해 행위였음에도 사람들은 외면하며 방관했다고 미국의 인권보호단체인 '져스티스 이니셔티브'는 폭력사례를 기록한 광범위한 보고서에 기록으로 남겼습니다. 당시 백인 언론사는 이런 행위를 정당화하고 무슨 축제인양 선전하였으며 포드트럭을 타고 다니며 피해자 시신을 담은 엽서를 발행하고 피해자 신체 일부분은 전리품 취급을 했습니다. 이런 장면 속으로 아이들까지 데려와 구경시킨 백인 부모들 이었습니다. 지금 생각하면 싸이코 집단인데 원시시대가 아니라 현존하는 인류의 이야기입니다.

폭력은 일단 한 번 시작되면 가해자들 사이에서 점점 진화합니다. 점점 더 높은 수위의 폭력으로 자주 쉽게 발생하면서 사회적인 규범이나 문화마저 변화시킵니다. 이전에는 상상조차 할 수 없는 일들이 피해자들을 향해 가해지고 일반적인 것으로 여겨지게 되므로 심각하게 위험해지는 것입니다.

미닉은 '악의 평범성 The Evil of Banality'에서 처음으로 극적인 부당함을 접하고 난 후 나는 사고방식 뿐만아니라 몰지각함과 여러가지 형태로 나타나는 평범함을 이해하는것이 도덕적, 정치적으로 가장 시급히 탐구해야할 과제라는 생각이 점점 강해졌다라고 합니다. '광범위한 악 Extensive Evi'은 대량 범죄와 관련이 있고 개인이나 소수의 가해자들이 저지르는게 아니라 커뮤니티나 사회 전체가 가담하면서 우리를 충격에 빠뜨립니다.

아프리카 르완다에서 일어한 대학살은 투치족에 대한 후투족의 경제적인 분노가 갈등에 기름을 부은 것은 사실이며 대학살은 외집단을 악마화하는 전형적인 광풍입니다. 상대 집단을 향한 집단피해의식과 분노, 혐오감같은 강렬한 감정들이 얼마나 극단적이고 치명적인 결과를 유발하는지를 보여주는 증거가 르완다의 인종 대학살입니다. 르완다는 독일의 식민지 당시부터 상대적으로 더 검은 다수종족 후투족보다는 피부색이 덜 검은 소수종족 투치족에게 르완다의 지배권과 경제적 특권을 많이 부여하게 됩니다. 이때부터 정권과 경제를 잡은 소수 투치족과 핍박받던 다수 후투족간의 갈등과 증오의 역사가 불붙기 시작한 것입니다. 1차대전 독일의 패망 후 벨기에로 식민 지배권이 넘어갔음에도 투치족이 여전히 세력을 잡습니다. 그러나 세월이 흘러서 1950년대 후반부터는 벨기에의 식민통치가 약화되자 다수 종족인 후투족들이 투치족들을 간간히 죽이는 일들이 벌어집니다. 1960년대에 들어와서 르완다가 신생독립국을 이루는 과정에서 수 천명 투치인들이 죽었으며 이때 살아남은 투치족 인구의 40~70%정도는 이웃 나라로 도망쳤으며 우간다로 많이 피신했습니다.

1959년 다수종족인 후투족이 르완다를 장악했지만 도망갔던 투치족들은 끊임없이 후투족 정부를 공격하고 전복시키려고 시도합니다. 그러다가 1990년도 투치족 민병대는 르완다 북동부를 장악하며 내전이 시작됩니다. 후투족 대통령 하브자리마나는 1973년 쿠데타를 일으켜서 정권을 쥔 후 치밀하게 투치족 말살을 준비했고 수백명의 투치족들을 살해하는 연습까지 자행합니다. 1994년 4월 6일 하브자리마나 후투족 대통령이 탄 비행기가 키갈리 공항에 착륙하던 중 격추되어 전원이 사망합니다. 방송에서는 이번 사건이 투치족의 짓이라고 모함합니다. 이에 격분한 후투족들은 투치족에대한 인간사냥을 시작합니다. 사실 대통령기를 격추시킨 장본인이 누구인지는 아직까지도 모릅니다.

대통령이 사망한 몇 시간 후 측근 정치인들은 정부군과 민병대들에게 투치족에 대한 대학살을 시작하라는 공식 명령을 내립니다. 선동적인 라디오 방송은 후투족에게 투치족을 찾아내서 그들을 둘러싼 체 모두 죽여 버려라는 노골적인 방송을 합니다. 이제 눈에띄는 투치족들은 어제 같이 지내던 동네 친구들이었음에도 보이는 순간 모두 죽게된 것입니다.

OHW : 용서는 잊는게 아닙니다. 용서는 증오로부터 자유로워 지는것입니다.
      Valarie Kaur

59. 우월한 XX

남성분들은 차분함을 유지해야하는 순간입니다. 샤론 모알렘(신경유전학 의사)의 여성의 유전적 우월함에 대한 내용이기 때문입니다. 물론 남성이 우월한 것도 있죠.(힘, 근육) 이런 말은 흔하게 들으셨을겁니다. 여성은 남성보다 오래 삽니다. 이는 여성의 면역계가 더 강력하고 질병을 더 잘 극복하고 세상을 더 다양한 색채로 볼 수 있으며 발달장애의 가능성이 낮습니다. 이렇게 생의 거의 모든 단계에서 남성보다 더 강한 이유는 무엇일까요? 평균적으로 노년의 여성은 동년배 남성보다 4~7년 더 오래삽니다. 이러한 수명의 차이는 인간 수명의 극한에 다다를수록 더욱 두드러 집니다. 85세 이상의 여성 인구는 무려 남성의 2배가 됩니다.

성별간의 수명 차이를 설명하는 중요 요인으로 사실상 행동이라고 생각하는 경향이 과거에는 있었습니다. 예컨대 남성은 군에 복무하거나 더 위험한 직종에 종사하면서 일찍 사망할 경우의 수가 많다는 것입니다. 하지만 그런 이유 때문이 아니라 이제는 생물학적 요인 때문에 여성이 유전학적으로 장수한다는 사실이 알려져 있습니다. 삶의 시작과 끝에서 여성이 왜 더 강한지는 임상 연구를 통해 계속 증명됩니다. 여성의 상처는 더 빨리 아물게 됩니다. 우월한 면역체계 덕분에 감염의 위험성도 더 낮습니다. 여성은 X염색체를 두 개 사용하지만 남성은 하나밖에 사용하지 못하기 때문입니다. 모든 여성은 유전학적으로 X염색체가 두 개 있지만 남성은 X염색체와 Y염색체가 각각 하나씩 있습니다. 부상을 치유하는 문제에 관한 유전학적으로 여성은 큰 옵션을 가지고 있지만 남성은 없습니다.

이렇게 태어나기 전부터 X염색체를 이미 두 개 갖고 있는 여성은 남성보다 생존에 유리한 조건을 갖게되었으며 이는 평생에 걸쳐서 삶의 모든면에서 유지됩니다. 유전학적으로 여성의 모든 세포는 2개의 X염색체를 갖고 있으면서 상처를 치료할때는 그 중 하나만을 사용합니다. 여성의 세포는 아빠에게 물려받은 X염색체와 엄마에게 물려받은 X염색체중 하나만을 사용합니다. 그러나 하나가 약하면 또다른 X염색체가 분열하면서 최상의 X를 또 다시 만들어 냅니다. 그러나 남성은 엄마에게서 받은 X염색체 하나만을 사용하게되며 남은 Y염색체는 상처를 치료할 때 무기력하게 지켜볼 따름입니다. 그 만큼 여성은 유전학적으로 월등한 유연성을 이미 가지고 태어난 것입니다.

X염색체의 유전자는 대부분 뇌의 기능을 최적으로 유지시킬 청사진을 갖고있습니다.(지능) 그리고 여성의 망막세포는 2개의 염색체 중 하나를 이용해서 색각 수용체를 만듭니다. 여성의 눈에 만들어지는 색각수용체는 엄마와 아빠의 각각의 X염색체가 있다는. 즉, 유전자의 두 가지 버전이 있기 때문에 여성에게는 색맹이 드뭅니다. 남성의 XY염색체는 유전학적 선택지와 세포간의 협력 모두 결여되어 있습니다. 그래서 남성은 굉장히 많은 질환에 시달리게 되는 것입니다. 여성은 남성만큼 질환을 흔하게 겪지 않습니다. 여성의 우월한 유전적 기질때문에 건강이 더 나아진 것입니다.

과거에는 '죽음의 신 Grim Reaper'이 성차별을 자행한다는 사실을 몰랐습니다. 굶주림, 전염병, 폭력 그리고 기후 대변동이 계속해서 나타날때 언제나 여성은 남성보다 더 오래 견뎠습니다. 남성이 거의 대부분 먼저 죽었습니다.

1662년 영국의 존 그랜트는 '사망통계표에 관한 자연적, 정치적 고찰'에서 여성이 남성보다 오래산다는 자료를 발표했습니다. 이미 362년 전에 증명된 팩트입니다.

사실, 서로 다른 X염색체를 사용하는 세포간의 협력은 여성이 유전학적으로 우월한 주된 이유입니다. 여분의 X염색체를 하나 더 보유하고 있는 여성은 정상적인 효소를 하나 더 만들어 그렇지 못한 세포에게 나눠주는 유전자 체계이므로 태생적으로 남성보다 우월합니다. 실험실에서 사용되는 쥐는 거의 수컷 쥐입니다. 면역 반응 실험을 할 때 암컷쥐를 사용하면 잘 죽지 않아서 오히려 신약을 계발하는 연구비용이 더 들어가는 이유 때문이라는 사실을 아십니까?

여성은 스스로 약하다고 생각하면 안됩니다. 남성은 스스로 강하다고 생각하면 안됩니다. 혹독한 경기일수록 여성의 유전학적인 기질이 빛을 발하게 됩니다. 독일 운동선수 콜빙거는 최근 256명이 참여한 대륙횡단 레이스에서 남성을 7시간 격차로 압도적인 1위를 합니다. 초장거리 레이스의 경기일수록 X염색체를 두 개가진 여성의 스태미너가 훨씬 우월하기 때문입니다. 근육 많다고 멀리가는게 아닙니다. 근육량은 에너지를 과소비하는 주범입니다. 그러나 적절한 지방량은 에너지 원으로 작용합니다.

삶 앞에 놓여진 시련들을 극복하는데 여성보다 남성이 불리합니다. 선천적 유전자의 우수성은 여성이 훨씬 앞서있기에 남성의 유전자는 후전적으로 더 노력하고 집중해야 생존에 유리합니다. 여성의 우월한 XX유전자의 특성을 보면 인간은 보통 100만개 정도의 색상을 봅니다. 그러나 여성의 5%~15%정도 또는 그 이상은 1억 가지의 색상을 봅니다. 1억가지 색상을 볼 수 있는 남성은 지구상에 단 한명도 존재하지 않습니다. X염색체에는 1,000개의 유전자가 존재합니다. 반면 Y염색체에는 70여개의 유전자만 존재합니다.(게임조차 안됨) Y염색체 유전자 중 한 개는 남성의 귓속에 털이 자라게 하는것입니다.

여성 100명 당 남성 105명이 태어납니다.(남성이 5명 더많이 태어나죠) 이는 남성이 더 강한 존재여서가 아닙니다. 여성으로 태어나는 것이 유전학적으로 훨씬 더 어렵고 복잡하기 때문입니다.

40세가 되는 시점에 여성과 남성의 인구는 거의 동일합니다.
그러나 100세가 되면 생존자의 약 80%가 여성입니다.

신체적 고난과 생존이 걸린 상황에서는 여성이 훨씬 더 잘견딥니다.
서부 개척에 나선 도너 일행을 6개월 간 고립시킨 눈보라 속에서도 우크라이나 대기근 가운데에서도 여성이 더 많이 살아남았습니다.

여성은 예방접종 후 통증과 부작용이 남성보다 훨씬 더 심한데 그것은 탁월한 여성의 면역계가 백신과 더욱 활발하게 반응하기 때문입니다. 즉, 여성은 항체 생성과 유지에있어 남성보다 우월합니다.

지능은? 장기전 체력은? 생존력은? 이제 어느 개체가 더 우월한지 아셨을것입니다. 유전적으로 남성들은 악을 쓰고 노력해야만 겨우 기본이 되는것이 사실입니다. 그러니 우월한 여성 유전자를 무능하고 약하다고 깔본 남성우월주의적 힘의 역사에 대해 이해가 될만합니다. 1:1 지능과 생존력으로 겨루면 안되니 힘(완력)과 사회제도로 압박하며 눌러놓는 것입니다. 주변을 보십시오.

공정하게 시험치는 순간부터 얼마되지않아 여성 합격율이 압도적입니다. 실제 힘을 쓰는것 빼고 공정하게 머리만 쓰면 경쟁 자체가 안됩니다.

OHW : 겨울이 왔다는 하얀 눈 소식을 들으니 XY라도 기쁘네요.

60. 시소의 양끝

    자신을 가장 깊이있게 인식한다면 자신이 어떤 경험(유전, 교육, 환경)의 축적으로 설계되어 있으며 무엇이 자신으로 하여금 특정 행동을 하도록 내모는지 이해할 수 있고 우리가 겪는 체험이 어떻게 예측 가능한지 잘 알게 될 것입니다.

    우리는 자신이 뭔가를 행하는 숨겨진 이유를 심지어 자신이 의식해서 자신이 행하고 싶지 않을 때에도 자신이 해버리고 마는 숨겨진 이유를 알게 될 것입니다. 대개 자신으로 하여금 활동하고 선택하도록 해서 결국 행동까지 하도록 내모는 것은 내면에 스스로 설정해둔 프로그램 때문입니다.

    인간은 자신이 프로그램한대로 움직이는 꼭두각시이자 노예라는 실상을 두눈으로 직면하는 것이 바로 자각하는 순간임을 알아야 비로소 참된 자아를 찾을 수 있습니다. '인간은 항상 하나이고 같다는 생각은 크나큰 실수입니다' 인간은 결코 오랫동안 같을 수가 없고 부단히 변하고 있습니다. 실제로는 30분조차 같은 상태로 있지 못합니다.(우즈펜스키 Ouspensky)

    인간에게는 누구나 겸손과 교만, 후덕과 탐욕, 평온과 폭력이 내재되어 있습니다. 상반된 한 쌍이 시소의 양쪽 끝에 놓여있는 것을 떠올리면 됩니다. 이러한 양극단을 자신의 것으로 수용하고 인정할 때 비로소 자신의 마음을 잘알게되고 마음의 시소는 균형을 잡아가기 시작합니다. 그러나 우리는 자신의 위선을 감춰주고 덮어주는 페르소나에 갇혀 자신의 밝은 면만을 세상에 보여주기위해 어두운 한 쪽을 억제하고 그 어두운 경향을 인정하고 화해하기 보다는 누르고 관리하려 들기 때문에 위험할 정도로 마음의 균형을 잃게됩니다.

인간의 심리는 합리와 균형을 추구하므로 자신의 어두운 면이 자신을 몰래 훼손하고 파괴시킨다고 생각합니다. 인간의 DNA에는 타인한테서 볼 수 없는 온갖 성질이 잠재되어 있음에도 인간 삶의 조건은 양극단중 한 쪽 뿐입니다. 이것은 '역설' 입니다. 이러한 역설을 깨닫지 못하고 자아 '진아'를 부정하게되면 특히 자신에 관해 진짜이길 바라는 모습의 정반대 특성을 부정하면 각자의 삶에 무수한 아픔과 괴로움을 가져오고 자해할 가능성까지 매우 높아집니다.

이렇게 인간성의 총체성을 부정하면 우리는 자신과 타인에 관해 볼 능력이 제한됩니다. 비록 우리는 타인이 어리석음, 탐욕에 의한 범죄를 저지르는것을 불신의 눈으로 '나는 절대 저렇게 행동하지 않는다'며 큰소리를 치지만 연구에 따르면 옳거나 그른 일련의 상황이 주어지면 인간은 동요되고 진로를 벗어나며 자신은 절대 하지 않는다는 일에 가담하게 된다는 점이 밝혀졌습니다.

인간에게는 상처입은 어두운 에고가 구석에 늘 남겨져 있습니다. 우리 의식의 바로 아래에 존재하는 이 그림자는 불완전한 자아들의 집합체라고 보면됩니다. 대부분 우리는 그것들의 존재를 부정하기로 선택하고 자신의 이러한 측면들을 무시하려고 열심히 일합니다. 인간들은 자신이 비호감이나 부적격이라고 여기는 것들을 정면으로 대응하지 않고 자신의 주의를 다른데로 돌려서 회피하는 방법으로 음식, 술, 마약, 광적 수집, 헛 소문을 자신도 모르게 기제로 이용합니다.

자신이 보거나 알 수 있는 것 말고도 더 많은 자아가 존재한다는 사실을 스스로 시인할 수 없거나 시인하지 않을 때 인간은 자신과 타인에게 나쁜짓을 하게됩니다.

그래서 인간은 자신의 다양한 부분들에 대한 필수욕구가 있음을 이해해야 하고 지속해서 다양한 자아의 욕구를 무시하게되면 자신의 행위에 통제력을 잃게되고 자신에게 최악의 적이 될 위험에 처하게 됩니다.

OHW : 충족되지 못한 욕구에 대한 수치심은 옳고 그름에 대한 심오한 앎과 인간에게 최고로 이익되는 것에서 자신을 차단하도록 내몰기에 자신은 선하고 타인은 악 이라는 투사를 하는 오류를 범한다는것을 깨달아야 합니다.

61. 노동은 너희를 가난하게 하리라

인간이 어디까지 악해지는가를 보려면 전쟁에서 일어났던 사례를 들여다보면 됩니다. 독일에 세워진 다하우 강제수용소의 입구에 걸린 문구는 '노동이 너희를 자유롭게 하리라'였습니다. 이렇게 끔찍한 말을 하며 독일 게르만족이 아니라는 이유로 유대인들의 전 재산을 빼앗고 강제수용소로 끌고옵니다. 그들은 유대인들에게 '노동이 너희를 자유롭게 하리라'는 악마의 목소리로 강제노역을 시킵니다. 유대인들은 죽을때까지 노동을 해야했고 당장 죽지않기 위해서는 아직 노동을 할 수 있다는 모습을 보여줘야 했습니다. 노동을 못하는건 죽음이었습니다. 그러나 노동을 잘 할 수 있음을 보여주어도 가스실로 끌려들어가는 줄에서 빠질 수는 없었습니다. 이렇게 명분도 없이 타인에게 강제된 노동은 인간다운 삶이 아니었으며 강제 수용된 유대인들은 언제 도살될지 모르는 가축과 같았습니다.

언제부터인가 자연스럽게 노동을 해야 근면하며 제대로 된 성실한 인간쯤으로 서로를 위로하는 희안한 사회가 되었습니다. 원래 인간은 유전적으로 그렇게 부지런하게 사는 동물이 아닙니다. 노년기에 접어들어서도 일하지 않으면 안되는 세상으로 변했습니다. 착각하지 말아야 합니다. 원래 노동이라는 것은 자신의 참된 자아를 찾기위한 일이될 때 진정한 가치가 있습니다. 지금 세상의 노동은 자아를 찾기위함이 아니라 늙어도 일하지 않으면 생존기반이 흔들리므로 고역이 된 것입니다.

예전에는 물건들이 워낙 비싸서 한 번 사면 아끼고 아끼면서 오랫동안 잘 사용하여쓰고 대를 이어 물려주기도 했습니다. 양말 구멍난 정도는 기워입는 건 기본이었구요. 그런데 지금은 그렇지 않고 쓰레기 취급하며 버립니다. 어지간히 갖고싶은 물건들을 워낙 싸게 구할 수 있고 더러는 여전히 비싸더라도 카드 할부로 얼마든지 구입합니다. 이렇게 싼 물건이 넘치는 세상은 결국 인간에게 좋지 않습니다.

물건이 싸졌다는 것은 그만큼 만들어내는 사람들의 인건비가 낮아졌다는 걸 의미합니다. 노동에 대한 경시풍조는 실제 맞는 말입니다. 인류역사에서 노동은 그다지 좋은 평가를 못받았습니다. 가급적이면 노동을 하지 않는 것이 인간다운 삶 이라고 여겼습니다. 귀족과 양반들이 노동하는걸 봤습니까? 노동은 누구? 하층민들이 하는것이죠. 그 결과물 열매는 누구? 귀족들이 다 따먹는 구조였습니다.

그런데 근대화 혁명 이후 노동을 통해 누구라도 재화를 취득하여 잘 살 수 있게 되었다고 노래하며 심하게 착각들을 하지만 실상은 그렇지 않습니다. 여전히 노동만으로는 제대로 살기 힘듭니다. 상대적 빈곤은 두번째이고 노동자들끼리 도진개진인데도 비교하며 열등감을 불사르느라 호화 자본의 배를 채워주며 평생 빚에 허덕이고 살고 있습니다. 지금 자비(자력)로 주택을 구입하는 사람이 몇 명 있을까요? 빚 없이 집사는 사람이 몇 있나요? 있다면 그 사람 능력이 아니라 아마도 유산을 물려받았거나 로또에 당첨되었을 따름입니다. 본인 능력으로 할 수 있는 부분이 아니라는 것입니다. 자력으로 충분하게 살 수 없는 구조가 되어버린 점이 큰 문제입니다.

지금 수십억 있다고 평생 열심히 산척 하는 사람 대부분은 그 절반의 절반도 안되는 자본으로 겨우 구입했던 집 값 올라서 이득을 취한 경우가 대부분입니다. 연봉 2억 이상되어서 가처분 잉여소득을 저축하며 정상적으로 부를 이룬게 아닙니다.

즉, 노동으로는 여유있게 살 수 없는 구조입니다. 노동의 댓가만으로 인간답게 살 수 없으니 보복성? 아니요 포기성? 과소비도 해야하고 해외여행도 가야하니 빚을 내고 카드 할부를 밤낮없이 긁어대며 사는겁니다. 나에게 돈이 없으면 안쓰거나 소비를 줄여야 하는데 그렇게는 절대 하지않는 다수의 군중들은 하루살이와도 같습니다. 자본이 병들게한 사회의 고질적 문제입니다.

이제는 무지각의 본능적 걸음을 멈추세우고 생각해봐야 합니다. 노동을 할수록 더 가난해 질 뿐입니다. 오죽하면 워킹푸어라고 할까요? 더 싼 물건을 찾지 마세요. 그러면 노동의 가치는 점점 더 내려갑니다. 이런 박리다매의 세상은 노동자의 빚만 더 늘어납니다. 자본의 배는 터질 듯 부풀어오르는 이런 매카니즘을 이해하지 않으면 빚과 낮은 임금의 굴레에서 악순환되는 세상의 속임수에서 벗어날 수 없습니다. 그러므로 인구가 준다고 걱정할게 아닙니다. 사실 좁은 땅에 너무 과밀화 되었기에 단계적으로는 줄어야 정상입니다. 인공지능이 사람 일자리 뺏어간다고 걱정할건 없습니다. 인간의 일자리를 더 뺏어가야 합니다. 인구가 줄어야 인간이 가장 귀하게 됩니다. 지금처럼 과잉인간 세상에서는 돈이 인간보다 귀합니다. 그래서 희소인간 세상이 되어보는 것도 괜찮습니다.

전 세계에서 가장 탐욕이 심하고 가장 경쟁이 심한 나라에서 현재를 살고있는 젊은이들이 생존을 위해 출산을 하지않는 선택을 하는것은 정상적인 판단입니다. 전세계에서 인구감소 속도가 가장 심하게 진행되는것은 정해진 것임에 놀랍게 아닙니다. 이러함에도 기성세대들은 자기들을 부양해야한다는 조건 하에 출산율을 높혀야한다? 이건 독일 나치와 같은 생각입니다. 진정으로 젊은이들을 사랑하고 후손들을 위한다면 기성세대들이 가진 기득권을 모두 내려놓고 젊은이들이 살기 좋고 비전있는 사회구조로 바꿔줘야 합니다만 스스로 기득권(탐욕)을 내려놓지 않고 있으므로 인구가 줄어드는 현상에 왈가왈부할 자격이 없는 것입니다. 후대를 생각하지 않는 참 나쁜 어른들이 많은 사회입니다.

이런 사회에서 인간이 줄어드는 건 자연스러움이며 문제가 아니라는 것입니다. 그냥 자연선택과도 같은 젊은이들의 선택에 대해 존중하고 줄어들도록 놔두고 할 수 있는 작은 일들을 찾아서 젊은 후대가 인간답게 살 수 있도록 지금의 문제들을 깨부숴 줘야 합니다. 국가가 소멸되니하는 헛소리는 이제 그만해야 합니다. 욕심많은 이기적인 기성세대들이 퇴장하고 출산도 확줄어서 인구가 대폭 감소하면 남아있는 소수의 인구는 오히려 더 잘 살수도 있습니다.

OHW : 후대가 고통을 받든말든 내가 살고있는 동안 다 찾아먹겠다는 행태들이 곳곳에서 보입니다. 기성세대들은 자성하고 인간성 회복이 필요한데도 그럴 기미가 없네요.

62. 어리석음의 앤솔러지

오직 자신의 이익을 위해 경쟁을 추구하는 엘리트 계급의 등장은 권력을 쟁취하기위한 내부 반목과 공동체간 전쟁을 촉발시켰습니다. 이렇게 형성된 사회의 위계질서는 지배자와 노예를 가르는 분열 뿐만아니라 여성에 대한 폭력의 형태로 드러나며 성차별을 불러 일으켰습니다.

가부장제가 등장하고 남성우위 사회가 이루어지면서 여성의 역할은 폄하되었고 남성의 활동은 가치있는 것으로 평가받았습니다. 특히 전쟁터에 나서는 전사의 역할은 남자아이를 위한 수많은 통과의례의 원형이 되었습니다. 공동체간 전쟁이 빈번해진것은 기껏해야 기원전 5천년경이었습니다. 기원전 3천년경 청동기 시대가 열리면서 전쟁은 더욱 치열해집니다. 금속으로 무기를 만들고 귀중품을 소유하게되는 이 시기부터 전쟁은 하나의 필요 제도처럼 자리잡습니다. 이렇게 전쟁과 폭력은 '문명' 과 함께 동시에 발전합니다.

고고학 자료에 따르면 포식에서 생산으로 구조가 변화된 시점부터 전쟁이 급속도로 확산되었다고 합니다. 동물사육과 식물재배를 통해 식량을 생산하면서 야생자원만 활용하던때와는 달리 잉여물이 발생하게 되었고 이것은 이내 '소유'의 개념을 탄생시키며 불평등을 가속화 시켰습니다.

축적된 식량은 인간의 '탐욕'을 자극해 공동체 내부의 불화를 일으켰을 뿐만이 아니라 공동체간 틈만나면 약탈 전쟁을 하는 빌미가 되었습니다. 이러한 농업, 목축업의 변화로 인해 사회에서는 위계질서를 탄생시켰고 엘리트 계급과 특권 계급 그리고 전사와 전쟁포로가 차례로 출현합니다. 구석기 시대에서는 공동체간 분쟁은 거의 드문 일 이었습니다. 그 시대에는 인구가 많지 않았으며 각 집단들은 먹이가 풍부한 거대한 영토에 흩어져 살았으므로 충돌했을 가능성이 희박한데다 생존하려면 소규모 공동체들은 서로 화목하게 지내야했기 때문입니다. 즉 먹이가 부족하고 인구가 많아질수록 폭력적인 활동이 두드러지게 증가하게 된다는 것입니다. 아무튼 인간의 역사이래 단 한시도 반목하지 않고 갈등없이 살아온 적은 없었습니다. 인간의 역사에 나오는 영웅과 신화에서는 모두 전쟁을 맞닥뜨리고 있습니다. 즉, 역사를 빚어낸 것이 바로 전쟁입니다.

OHW : 인류사는 정복을 과시한 무용담과 그에 항쟁하는 이야기가 대부분이며 그 사이에서 필요한 문명이 함께 발전한 것입니다. 전쟁에 의한 인간 문명의 발전사는 사실이기에 이러한 인간의 수준을 너무 높게 정하면 마음만 힘들어 지겠죠. 우리 인간이 겸손해야 하는 이유입니다.

63. 딸에게

아빠 인생이 금빛 삶은 아니었다
걸어온 길에는 가시밭과 진흙탕도 있었고
참기힘든 역한 것들도 있었다

그렇지만 쉬지않고 걸어가고 있다
인생의 모퉁이를 돌 때 갑자기 깜깜해지며
어둠이 나타나도 차분하게 계속 나아가야 한다

딸아 지금은 뒤돌아서지 마라
사는게 어렵다고 주저앉지 말아라
넘어져도 다시 걸어가야 한다

금빛보다 더 고귀하게 빛나는 네 인생이 되기를

64. 싱크탱크의 정체

의료, 노동, 공공서비스, 은퇴 분야에서 개혁을 단행하기에 앞서서 사전 연구를 수행하는 기관을 '싱크탱크'라고 부릅니다. 민간기관임에도 보조금 후원을 받는 싱크탱크는 이데올로기를 제시하는 정당의 역할을 대신하면서 여론 조성에 큰 영향을 미칩니다. 싱크탱크의 대부분은 '대중의 뜻을 따르는 것은 포퓰리즘'이라고 평가하며 비교적 과학적인 연구결과를 운운하며 공정한 견해를 제시하는 척 하지만 실상은 금전적 지원을 해주는 민간단체의 이익을 옹호하는 영악하게 약아빠진 압력단체에 불과합니다.

싱크탱크는 보조금만으로 운영하는 공익재단이 있고 독지가의 납입금으로 운영되는 곳도 있고 정부지원금을 받는 곳도 있어서 각기 다른 목적으로 그들에게 유리한 기득권을 지지하는 편향적인 입장을 나타냅니다.

싱크탱크라는 아이디어 집단은 1980년대에 활발하게 교류하면서 클럽을 조직했고 프랑스에서 1982년 대학교수 일단과 전직 고위 공무원 몇 명이 설립한 생시몽 재단은 1990년 해체되기전까지 기업, 정부, 대학, 언론사 출신 전문가들이 모여 좌, 우 경계를 허물며 상호협력을 해서 오늘날까지 프랑스 싱크탱크의 모델이 되었습니다.

1980년대부터 정치, 경제 전문가로 구성된 '신권력'이 급부상하면서 프랑스 대학은 지식인 집단으로서의 제도적 자립력을 상실해 버렸습니다. 이러한 변화는 지적 노동력의 복종 현상을 불러왔습니다. 그리고 과학 공동체가 수호했던 사유 활동은 사라졌습니다. 이 과학 공동체는 이제 기업을 측근으로 여기며 옳은 사유와 방향을 제시하지 못하고 기업들의 후원이 끊길까봐 늘 신경쓰며 두려워합니다. 1990년부터 2000년대까지 싱크탱크가 더욱 확산되면서 정부기관마저 기업의 싱크탱크에 의존하게 됩니다. 정부기관의 혁신을 위해 민관의 엘리트들은 시장에 적합한 방안을 정부기관에 제안하기 시작한 것입니다. 이에 따라 내실있는 전문 연구능력을 펼쳐야하는 정부기관의 역할은 더욱 취약해 졌습니다.

실제로 싱크탱크가 작성하는 보고서를 보면 누구나 작성할 수 있는 별다른 내용도 없는 부실하고 일반적인 리포트가 많다는 것에 놀랍니다. 사실상 싱크탱크의 역할은 그들이 내세우는 가치와는 달리 새로운 아이디어를 제시하거나 사회 문제나 쟁점을 제기하는것도 아니며 자기 확신과 자기 강화로 이루어낸 결과물의 지배 이데올로기일 뿐입니다.

싱크탱크는 모든 사회문제는 규제보다는 독려. 계몽이 불가한 경우 교육. 유일한 진보의 방법으로 혁신을 하는 3원칙을 주장하고 있는데 이것은 상식이 있는 사람이라면 누구나 아는 평범한 내용입니다. 한계가 뻔히 들통나버린 그들은 다양한 정치적 방안을 연구해서 찾는대신 폐쇄적인 이데올로기를 고수하려 듭니다.

채널마다 싱크탱크의 자칭 권위있는 전문가들이 몰려나와 저마다 입맛에 맞게 가공한 데이타 수치들을 열거하며 '다양한 해석과 판단이 가능한 법에 의한 지배구조보다 정량적인 계산과 예측이 가능한 숫자에 따른 지배구조가 이상적'이라는 수사학적 말장난으로 몇 시간이고 반복적인 주장만을 펼칩니다.

경제전문가 클럽들은 회동을 가지며 공동으로 구축해 놓은 기득권을 공유하고 그들의 결집력을 지속 강화했습니다.(물론 정치, 금융, 언론 집단도 마찬가지) 이러한 인맥 교류로 인해 서로간의 영역을 넘나들며 기업에서 언론으로 언론에서 공직으로 이동하는 사례가 바로 옆으로 고개만 돌려도 알 수 있을 정도로 즐비합니다. 서로 밀고 당겨주는 기득권 집단의 전형적 모습이며 이들이 주장하는 사회구조개혁과 공공서비스 강화라는 거창한 말은 허구적 말장난에 불과하고 기득권을 서로의 인맥으로 나눠먹기하는 이들로 인해 사회는 점점 더 심하게 병들어 가고 있습니다. 한 마디로 싱크탱크는 출세의 효과적인 징검다리인 셈입니다.

OHW : 부와 권력의 발 아래에서 사는 싱크탱크 인간들은 대중들 생각을 지속 왜곡시키면서 여론을 장악하는 방법을 사용하는 것이 그들의 출세와 밥벌이 수단이므로 그리 쉽게 사라지지는 않을 것입니다. 그래서 싱크탱크를 언론을 조작하는 전문가 양성소 집단이라고도 폄하합니다.

65. 호르몬과 건강

우리 온 몸의 장기가 호르몬을 분비하는 건 확실한 사실입니다. 심신을 안정 시키는 작용을 하여 행복호르몬이라고 불리는 세로토닌은 뇌에서만 만들어지는게 아니라 장에서 더 많이 만들어 집니다. 쾌감중추에서 나오는 도파민은 시상하부를 자극해서 관심가는 물건을 갖게되면 짜릿하리만큼 기분이 좋아집니다. 마약은 도파민이 뇌에 넘치게 만들어서 그 순간을 매우 기분 좋게해주므로 쉽게 중독에 빠지게하는 호르몬이기도 합니다.

호르몬은 온몸의 항상성(흔들림 없는 몸 내부환경의 유지)을 유지해 병에 걸리지않고 평화롭게 살 수 있는 근원이 됩니다. 우리 몸이 길이 50M 수영장에 가득 채워진 물이라면 호르몬 단 한 스푼만으로도 그 위력을 충분히 발휘할 수 있다는 사실을 알아야 합니다.

호르몬에 국한해서 보면 모든 인류는 형제이지만 그러나 인종에 따라서 호르몬을 분비하는 힘이나 효능에는 차이가 있습니다. 동양인 보다 서양인이 훨씬 더 뚱뚱한 사람이 많습니다. 이렇게 된 이유는 우선 서양인들은 놀랄만큼 잘 먹는다는 사실이며 실제로 체내 인슐린을 분비하는 힘의 차이가 상당히 큰 역할을 합니다. 서양인은 인슐린을 충분히 분비할수 있어서 기름기가 많은 음식을 잔뜩 먹었을 때 사용하고 남은 열량을 지방으로 바꿉니다. 그러나 췌장이 약한 동양인들은 인슐린 분비량이 약해서 많이 먹으면 남는 열량을 지방으로 축적할 수가 없습니다. 그래서 동양인들은 서양인들보다 덜 뚱뚱하긴 하지만 과식 후 남아도는 열량을 지방으로 축적 못하는 대신 간이나 근육에 쌓여서 지방간을 만들거나 대사증후군을 앓게 되는것입니다.

우리가 물려받은 유전자는 평생 바뀌지 않습니다. 그러나 태어난 뒤의 영양 상태 또는 부모로부터 받는 애정의 강도에 따라 아이가 받는 스트레스는 달라지고 그에따라 유전자의 기능이 바뀌게된다는 것을 후성 유전학이라고 합니다.

인간이 모두 같은 호르몬을 갖고 있어도 생활 습관이 다르면 후천적 유전에 의해서 호르몬의 효력은 크게 달라집니다. 또 스트레스에 대항하는 호르몬도 후천적 유전자 기능 조절에 의해 큰 역할을 한다고 합니다. 아무래도 호르몬은 핏줄보다 환경이 중요한 듯 합니다.

잠을 충분히 자지 않고 수면시간이 짧으면 성장호르몬이 부족해져서 지방을 잘 연소하지 않아서 신체는 살이 찌거나 복부비만이 생기게 됩니다. 배가 불룩나온 성인이라면 식습관 외에 수면부족에도 신경써야 합니다. '머리 좀 정리할겸 잠깐 자고올게'라는 말은 농담이 아닙니다. 실제로 수면 시간이 7.5시간 정도일때 사망율이 가장 낮다는 통계가 있습니다. 사람은 수면을 충분하게 해야한다는 것입니다.

마라톤 선수가 길고 힘든 달리기를 계속 하다보면 고통이 어느새 사라지고 쾌감으로 바뀐다고 합니다. 러너스 하이 runner's high 라고 부르는 현상인데 이것은 뇌가 고통을 피하고자 일종의 호르몬인 '오피오이드'라는 마약성 물질의 분비를 촉진시키는데 이 물질은 통증을 덜어줄 뿐 아니라 더 나아가 기분까지 좋게 만들어 줍니다. 결론을 말씀드리면 러너스 하이는 신체에 결코 좋은게 아닙니다.

이또한 중독 현상을 불러오므로 뇌가 만들어내는 마약 물질인 오피오이드는 당연히 의존증 발병에 한 몫 합니다. 과식도 사실 같은 구조로 일어납니다. 괴로울 때 계속해서 먹으면 배가 찢어질 듯 고통이 오면서 뇌에서 오피오이드를 분비시켜 신체는 쾌락을 느끼게 됩니다. 절대로 섭취한 음식물이 맛있어서 쾌락을 느끼는게 아닙니다. 그래서 과식하는 것도 달리기처럼 일종의 이터스 하이 eater's high를 만드는 것입니다. 비만도 일종의 의존증 입니다.

우리는 뼈가 없으면 살아갈 수가 없습니다. 칼슘 부족은 막아야 합니다. 뼈는 칼슘으로 이뤄져 있으므로 튼튼한 뼈를 만들려면 충분한 칼슘섭취가 필요하며 우리 몸에 늘 비축해둬야하는데 비타민D도 칼슘 형성에 중요합니다. 부갑상선 호르몬은 체액에서 칼슘이 부족하면 뼈에 있는 칼슘을 가져와서 녹여 사용합니다. 뼈에 칼슘을 충분하게 보관해둬야 하는 이유입니다.

뼈에 칼슘이 충분하지 않으면 체액에서 칼슘을 가져다 사용하기때문에 바로 뼈가 약해집니다. 그리고 비타민D는 체내의 콜레스테롤로 만들 수 있으므로 오히려 호르몬이라고 불러야 맞습니다. 건강한 사람이라도 몸에서 비타민D를 충분하게 만들어내지 못합니다. 그래서 우리 몸은 늘 비타민D 부족사태에 빠지게 되어서 꼭 섭취해야하는 물질입니다. 비타민D는 실제 호르몬입니다.

비타민 D는 마른 멸치, 연어, 정어리, 꽁치 등에 많이 포함되어 있습니다. 또한 우리 피부는 자외선을 쬐면 콜레스테롤로 비타민D의 원료인 콜레칼시페롤을 만들어 냅니다. 뽀얀 피부 만들기는 백탁 썬크림으로 대체해주시고 비타민D를 만들기위해 적어도 일주일에 두 세 번씩 30분정도는 햇빛을 쬐어줘야 합니다. 콜레칼시페롤은 간과 신장에서 비타민D로 가공됩니다. 비타민D는 장에

작용하여 뼈의 재료가 되는 칼슘이나 인의 흡수를 촉진합니다. 그래서 간이나 신장이 안좋은 사람은 비타민D의 기능이 떨어져 칼슘 부족이 되기 쉽습니다.

뼈가 약해지면 온갖 병에 다 걸리게 될 정도로 몸이 약해집니다. 당뇨병, 고혈압, 결핵, 잇몸병, 우울증, 말초동맥 질환, 면역질환 등 그래서 늘 칼슘을 충분하게 섭취해야하고 날씨가 좋은 날에는 꼭 한 번이상 외출을 하기 바랍니다.

젊게 살고싶은 욕망으로 인해 성장호르몬이 너무 많으면 죽음이 앞당겨 집니다. 순리대로 살다가는게 맞는데 억지로 호르몬을 주사하여 길게 살려고하면 더 빠르게 하늘로 간다는 것입니다. 무슨 호르몬이든 나이에 따라 줄어들어야 정상적인 삶을 살게됩니다.

신체는 노화되어 내부 장기도 약해져있는데다가 부족한 호르몬을 과다 강제 투여하면 수명은 오히려 단축된다는 사실. 즉, 아드레날린과 노드 아드레날린 같은 성장호르몬은 발열을 촉진하여 힘을 내게되는데 결국 심장을 자극해서 이뤄지므로 노인들에게는 심장이 힘을 얻는게 아니라 반대로 심부전을 일으키게 되어 건강에 더 문제가 생기면서 명을 단축할 수도 있습니다.

나이가 들어가는데도 오히려 예전의 젊은 체력을 갖고 싶어서 채찍질해 대면서 움직이면 장기는 오히려 지쳐서 나가 떨어지게 됩니다. 즉 신체가 자연스럽게 노화되는데 과잉호르몬 분비가 일어나게 만들면 효과는 나지않고 몸만 지치게 된다는 것입니다.

젊음을 유지하는 물질인 그렐린과 클로토를 만들기위해 발버둥치기보다는 평소에 배를 덜 채우는 식습관과 어려운 문제의 해결은 다음날로 미루는 느긋함과 젊을땐 찬바람을 나이들면 햇빛과 태양을 가까이 하는게 건강에 더 낫습니다.

OHW : 건강한 소식 습관과 햇빛을 즐기고 자연스럽게 늙어가는 것의 소중함.

66. 냉소하면서 보인 미소

인간사회에서 경제 문제는 자원이 희소하다는 사실로부터 시작됩니다. 원하는 모두에게 줄 정도로 자원이 충분하지 않기 때문에 희소하다는 것입니다.

그러나 살아가는 의식주 자원의 부족함이 없는 인간들조차 왜 그렇게 많은것을 원할까요? 대다수 인간들은 더 많은 것을 원합니다. 어떤 소비는 기초 욕구를 충족시키며 생활을 더 쉽게 하고자하는 욕망으로 추동됩니다. 그러나 소비의 대부분은 비슷한 동류 인간사회내에서 지위를 획득하고 유지하고자 하는 소망으로 추동된다는 사실입니다.

즉, 우리가 소비 구매하는 것의 대부분은 놀랍게도 내가 아닌 타인의 기대를 충족시키기 위한 것이며 우리의 친구와 이웃을 따라잡기 위함 입니다. 이러한 팩트를 110년 전 1915년 베블런은 소비 지출의 절반 이상이 '관습적으로 필요한' 항목을 위한 것이라 주장했습니다. 달리 말하면 물질의 필요성이나 안락을 위해서 지출이 이루어지지 않고 사회적 기대에 부응하기 위해서 지출된다는 것입니다.

오늘날 그 수치는 훨씬 더 높습니다. 인간의 욕구수준을 모두 채워줄 수있는 1인당 GDP는 존재하지 않습니다. 인간은 단순히 물건을 소유하는 것에 그치지않고 다른 사람들보다 더 많이 훨씬 소유하는 것을 탐욕하기 때문입니다.

작은 단위의 인간사회 내에서는 한 개인의 부가 공동체내에서 공동으로 잘 알려집니다. 그러나 규모가 점점 더 커진 산업 공동체 현대 사회에서는 한 사람이 어떤 부를 이루고 있는지를 전혀 가늠할수 없습니다. 이러한 경우에는 부를 갖지 못한 사람과 가진 사람이 동등하게 같은 취급을 받게 됩니다. 우리 인간들은 이런걸 본질(기질)적으로 못마땅해 합니다.

그러므로 내가 너희들보다 우월하다는 것을 확인받아야 하겠기에 부자는 '받을만한' 존경과 지위를 얻기위해 자신의 부를 다수에게 늘 보여주고자 하는 방법을 찾습니다. '사람들의 존경을 받고 유지하려면 부와 권력을 소유하고 있다는 것만으로는 충분하지 않습니다. 부와 권력은 입증되어야 하는데 왜냐하면 존경은 확실한 근거에 의해서만 주어지기 때문입니다'

그래서, 부를 보여주는 적절한 관례가 등장하는데 이를 일반적으로 '과시 소비 conspicuous consumption'라고 부릅니다. 과시적 소비는 부를 연출하는 방식입니다. 단순히 필수품을 구매하는것은 이 목적을 달성하는데 실패합니다. 그 때문에 화폐는 다른 물건을 위해 소비하며 그때 사용되는 재화는 낭비적일수록 유용성이 낮을수록 부를 훨씬 더 잘 보여줄 수 있습니다.

놀랍게도 재화를 비생산적으로 소비하는것은 인간적인 위엄을 보여주기 때문에 명예로운 행동입니다. 비생산적인 소비행위 자체는 실제로 명예롭습니다. 타인이 누릴 수 없는 것을 구입하는 것은 그에게 지위를 부여하며 대저택, 고급차, 고가의 보석, 디자이너가 제작한 옷. 이 모든것들은 과시적 소비의 대상들입니다. 이 모든 아이템들은 소유자의 낭비능력을 입증하는 자료들입니다. 이로써 소비자의 행태는 욕구 충족만큼 사회적 동기를 드러내는데 재화로부터 우리가 얻는 효용의 상당 정도는 그런 사회적 동기로부터 설명됩니다.
우리는 일반 시계보다 롤렉스 시계로부터 더 많은(정신적, 신체적)효용을 얻는데 이는 롤렉스 시계가 주는 사회적 지위가 일반 시계보다 압도적으로 크기 때문입니다. 사치스런 정찬을 즐기는 것은 과시적 여가와 과시적 소비를 결합시킨 것이며 '감춰진' 브랜드의 소비는 특권집단 구성원들 사이의 공개 키와 같습니다.

베블런이 또하나 간파한 것이 있습니다. 언제 어디서든 인간들은 본능적으로 지위를 생각하며 고위층 인사들의 행태를 예의주시 한다는 것입니다. 최고위층의 거동은 본질적으로 우수한 가치를 지닌 성분으로 공인되며 기층 서민들은 그 앞에서 기쁨으로 허리를 굽히며 복종한다는 그의 주장이 씁쓸하지만 현실입니다.

'국부론'의 저자 애덤 스미스는 '부자와 권력자를 찬양하며 거의 숭배에 가깝게 행동하는 한편 빈자와 비천한 사람들을 멸시하거나 소홀히 취급하는 이런 경향으로인해 인간의 도덕 감정이 부패하는 가장 일반적인 원인이 된다고 주장했습니다. 부와 강함이 오로지 지혜와 덕에 기인하는 존경이나 찬양과 관련된다는 것. 그리고 부덕과 어리석음이 유일하게 적절한 대상이 되는 경멸이 대단히 부당하게도 빈곤과 약함에 부여되는 것은 모든 시대의 도덕주의자들에게 불평거리였다'라고 서술한 것입니다. 이렇게 오랫동안 철학자들은 부자들과 저명 인사가 찬양의 대상이 되는 사실에 대해 불평합니다.

인간사회가 천박해질수록 사회적 지위는 그만큼 더 중요해집니다. 그래서 우리는 거의 모든 나라에서 과시적 소비를 경험할 수 있습니다. 현대의 산업들은 이러한 인간의 과시적 소비 욕망이라는 불타는 탐욕으로 인해 허술해진 맹점을 잘 이용하여 화려한 이미지를 덧 씌워 물건을 비싸게 팔며 막대한 부를 축적합니다. 값 비싼 재화는 금전적 우위를 더 잘 보여주기 때문에 값싼 재화보다 선호되며 아무런 성찰이나 분석없이 우리는 저렴한것이 가치없다고 느끼게 됩니다.

OHW : 인간의 탐욕스러운 미소를 꿰뚫어 본 베블런의 냉소를 인식하는 짧은 순간과 긴 본능 그 사이에서 어느것이 유리할까요?

67. 좋거나 나쁜 생각

대부분의 사람들은 마음먹기에 따라 행복해진다는 에브러함 링컨의 주장이 옳다는 전제 하에 앨버트 허버트의 지혜를 함께 해본다면 우선 밖으로 나갈 때마다 턱을 앞으로 당기고 머리를 꼿꼿이 세운다음 숨을 크게 들이마셔야 하고 햇살을 바라보고 친구를 미소로 맞고 약속한 것에 대해서 정성을 다해야 합니다.

나의 행동이 오해 받을까봐 두려워 말고 적에 대해서 생각하느라고 단 1초도 허비하지말고 오직 내가 무엇을 하고 싶은가에 대해 마음 속에 확실하게 심어 두면 됩니다. 그렇게하면 옆길로 새지 말고 목표를 향해 곧장 전진하게 됩니다.

자신이 하고싶은 위대하고 찬란한 일에 대해 생각을 지속하게되면 시간이 흐름에 따라 원하는 것을 이루는 데에 필요한 기회를 잡고있는 자신을 발견합니다.
마음 속에 자신이 항상 되고싶어하는 유능하고 정직하고 쓸모있는 사람을 그려야 합니다. 자신의 두뇌로 애써서 하는 생각이란 아주 중요한 것입이다.

올바르게 생각하는 노력을 하는 것은 창조로 가는 문을 여는 것이며 모든 욕망과 모든 진지한 소망은 끊임없이 생각하고 선한 의지를 유지하는 행동이 쌓이면서 이뤄집니다. 우리 인간은 미완성의 신들입니다.

(신이 만든 분신 아닌가요? 아니라면 인간은 신의 장난감인가요?)
헛소리나 착각일지라도 일단 신다운 마음가짐으로 좋은 마음을 먹고 턱을 앞으로 당기고 고개를 꼿꼿이 세우고 길을 걸어가야 합니다. 구질구질하고 쓸데없는 악에 관심을 돌리지 말아야 합니다.

OHW : 선한 의지를 갖고 올바르게 노력하는 순간 인간은 신에 가까워 집니다.

제 4 부
애매함과 실존

68. 맬서스 인사이트

인구증가에 대한 그의 예언이 틀려서 다행이라고 하며 사람들은 그를 천덕꾸러기 취급하지만 그렇지 않습니다. 토머스 R 맬서스는 1766년 영국 길퍼드 근교에서 태어났는데 그의 아버지는 루소의 친구이자 흄의 경쟁자였고 괴짜 학자였습니다. 그는 '인구론'에서 인구증가가 인류를 파멸로 몰고 갈 것이며 그것을 피할 방법은 없다고 단언하며 불길한 예언을 하였습니다.

인구론에서 그는 인간의 생존수단인 식량은 산술급수적(1. 2. 3. 4. 5.)으로 증가하는 반면 인구는 기하급수적(1. 2. 4. 8. 16.)으로 증가한다는 간단한 이론을 폅니다.
인간의 성적 욕망 때문에 25년마다 인구를 두 배씩 증가시키고 식량위기 때문에 대규모의 기아를 맞게 되어 종말을 피할 수가 없게 된다는 주장을 한 것입니다.

그래서 그는 인구가 증가되지 않도록 하기 위해서 피임과 정절을 국가정책으로 삼아야 하고 자선활동을 지나치게 권장하지 않습니다.(가난한 사람들이 분에 넘치는 도움을 받으면 자식을 더 낳게 될 게 뻔하다는 것이 그의 논리였습니다). 이렇게 주장하는 인구론은 '맬서스주의' 라며 멸시적으로 불리면서 사람들에게 비난과 조롱을 평생 받게 됩니다. 기한번 제대로 펴지 못하고 살다간 맬서스였지만 지금 곁에있다면 그는 그래도 내 말이 맞다! 라고 할 것 같습니다. 지금 경제학자들과 인구학자들은 맬서스 이론이 맞다면 19세기 초 10억 인구가 지금은 2,500억이 되어있어야 한다는 것이라며 따지면서 지성의 승리라고 웃고 있습니다.

맬서스의 이론 속 텍스트를 따로 분리해서 시비 걸지 말고 문장이 상징하고 의미하고 있는 행간을 읽어내는 것이 더 올바른 사고방식입니다. 서민층의 생활수준이 나아지면서 장기적으로 가구당 자녀 수가 크게 줄어들었다는 말로써 논리를 펴고 있습니다만 그게 아닙니다. 그 중간이 생략된게 아니고 완전히 다르게 방향을 틀어버린 말입니다.

서민들의 경제적 수준이 높아지기는 하였으나 그보다 더 치열해진 삶의 시스템으로 인해 서민들 스스로 산아제한을 하는 생존 본능이 발현된 것으로 주어진 환경에 적응하기 위해 인간들은 산아마저 통제 제어하는 행동을 스스로 선택한 것이기에 즉, 소득수준과 환경은 편리해졌지만 편리성보다 더 힘든 실제적 삶이므로 자녀를 놓을 수 없는 환경으로 변했다는게 맞는 논리입니다. 생활수준이 나아지면서 자녀 수가 줄어들었다는 말은 맞지 않습니다.

아무튼. 맬서스가 주장한 기하급수적이라는 의미를 유연하게 적용하면 그 논리는 아직 유효하다고 변론하겠습니다. 식량은 산술급수적으로 증가하는데 인구는 그보다 더 증가하게 될 확률이 존재하므로 인간들 스스로 실존자원에 맞게 생존하도록 산아를 셀프 제한하며 균형잡힌 삶을 추구해야 한다고. 그냥 생기는 대로 막 놓다가는 나중에 먹을 것이 모자라서(자원 결핍) 인류는 종말과 같은 참사를 겪을 수 있다는 관점으로 그의 인구론을 해석해도 된다는 것입니다.

OHW : 이 정도는 그 당시 맬서스의 주장에서 말 몇 마디만 풀어주면 되는 것인데도 꼭 맞네 틀렸네 하고 삽니다. 우리가 하는 학문이 맞는게 어디에 있습니까. 인간의 학문과 이론 자체가 오류에서 출발하는 것인데. 오늘의 지식이 내일은 오류가 되고 과거의 오류가 오늘의 지식이 되는 그런 인간들의 한계적 상황을 뻔히 알면서 이론 가지고 네가 맞네 내가 맞네 하는 건 유치하다는 입장을 가지면서 가만있는 맬서스를 불러내 혼자 북 치고 장구 쳐봤습니다.

69. 도덕성 포장하기

자기조절 기능은 생각이나 행동을 억제하거나 충동을 바로잡을 수 있는 능력을 뜻하며 일상에서 꾸준하게 작은 생각과 사소한 행동부터 타력에 의지하지 않고 직접 관여하면서 도덕적인 실행 경험을 할 때만 강화됩니다. 대부분의 인간들은 '도덕적 자산관리' 차원에서 본인이 행한 선행이 널리 알려지기를 바랍니다. 각계의 스타들이 적당한 시간을 골라서 선행을 밝히듯이 모르게 하려고 했다거나 숨기려고 했는데 의도치 않게 밝혀지는 형식을 취합니다.

본인의 선행에 대한 확고한 의지가 있다면 밝혀지던 안 밝혀지든 상관없는 차원 속으로 들어서게 됩니다. 선행이 일어나기 전인데 소문부터 먼저 나더라도 이행 의지가 확고하다면 문제가 되지 않습니다. 문제가 되는 가면과 가식은 스스로의 양심과 일치하지 않아서 부자연스럽습니다. 의도가 순수하면 태도가 자연스럽고 공기처럼 흐릅니다.

자기 목표와 이익을 완전히 배제한 순수한 의지로 한 것인지는 본인 외에는 알 수 없지만 그들의 과거 지나간 상황을 맞추다 보면 이 또한 금방 누구라도 알 수 있습니다. 도덕적이지 않은 자신에게 도덕적인 후광을 입히는 스킬은 주변에서 쉽게 이루어집니다.

한 아이가 장난감을 양보합니다. 그 아이는 그 장난감에 더 이상의 흥미가 없어졌기 때문입니다만 그때 부모나 교사들은 이렇게 말합니다. 아이구 착하네.

친구에게 장난감도 양보하니 참 착하구나라는 말을 들으면 좋은 의도 없이 행동했던 그 아이는 갑자기 칭찬을 받았으므로 순간 띵하겠지만 칭찬이라는 보상을 계속 받기 위해 분명 그 행동을 강화하기 시작할 겁니다. 이처럼 전혀 의도하지 않은 행동에도 의도적으로 칭찬을 하면 받아들이는 측에서 이득이 된다고 생각하면서 전 행위는 반복되고 강화로 이어지는 것입니다.

해외 여행이나 아주 먼 곳으로 장거리 여행을 간 적이 없는 것도 도덕적인 포장을 할수 있습니다. 환경을 생각해서 비행기를 타지않는 척 하면 되는데 보기드물게 의식이 깨어있는 인간으로 인정받게 될겁니다. 도덕적인 포장은 누구에게나 일어나는 걸 알지만 우리들은 전혀 모르는척하고 삽니다. 왜냐하면 그게 일상처럼 몸에 익숙하게 사용되고 있으니까요. 불편하지 않고 편하기 때문입니다. 악화가 양화를 구축한게 어디 이 한가지 뿐이겠습니까? 세상은 그렇게 아무렇지 않게 작동되고 있는 것입니다.

도덕을 가르치는 것은 도덕이 부족하기 때문입니다. 우리 앞에 놓이는 모든 실존들은 부존과도 같은 희소성으로 인해 오히려 가치를 받게된다는 역설적 개념을 잘 인지해야합니다. '부존의 실존가치' 라고 부르겠습니다. 부족할때 가장 필요해지며 완전히 없으면 필요또한 없어집니다.

주류가 세상을 지배하는 것은 아류들이 선택한 결과입니다. 아류들의 지력이 높아질수록 사회는 발전하면서 주류가 탈선을 하기 힘들어 집니다. 그러나 아류들의 지력이 떨어질수록 주류는 마음 놓고 탈선을 저지릅니다. 그래서 역사적으로 주류가 아류의 지력을 상승시키는 제도나 교육을 장려하지 않았으며 어쩔 수 없이 교육을 하더라도 과정을 혼동시켜서 아류들이 충분한 지력을 확보하지 못하도록 사회의 교육 수준을 하향 구조화 합니다. 정신이 혼란스럽겠지만 사회의 매커니즘이 이렇게 돌아간다는 것을 알아야 하고 이는 완전히 고착된 시스템으로 작동 중입니다.

도덕이 흘러넘치는 세상이 되면 도덕 교육이 없어집니다. 도덕이 부족하기 때문에 도덕이 필요합니다. 양심이 아름답게 꽃 피고 서로 화목하면 법은 사라집니다. 양심이 부족하기 때문에 법이 필요합니다. 인간에 대한 위협이 사라지면 국가는 필요 없습니다.
위협이 늘 옆에 상존하기에 울타리 국가가 필요합니다. 이렇게 부존이 실존을 강화하거나 유지하는 역설적 힘을 발휘한다는점을 인식하고 관점을 넓히는 시간이 되었으면 합니다. 인간들은 자기 정당화를 하고있음에도 그렇지 않다고 합니다. 잘못을 저지르는 사람은 본인의 행동에 대해 관대하며 자기를 정당화 하기때문에 사소한 말다툼으로도 극단적 행동으로 증폭될 수 있음을 깨달아야 합니다.

도덕적으로 선하게 보이고 싶은 마음부터 내려놓아야 합니다. 도덕적으로 보이고 싶은 유혹을 떨쳐내야만 합니다. 강한 긍정도 강한 부정도 아닌 자연스럽고 부드러움에 더욱 관심을 기울여야 합니다. 어떤 자극이 순간적으로 오면 내 마음과 몸은 준비되지 않은 체 반응해야 하는데 그것이 나의 원형입니다. 그 반응이 유연하지만 팩트를 비켜가지 않게 내 인식을 담아낼수있다면 그 사람의 내력은 완성된 수준이라고 봐야 합니다.

OHW : 발이 마비되었다는 이유로 자기들이 착한 줄 아는 약골들을 나는 곧잘
　　　 비웃었다. 라고 시인하는 니체의 자라투스트라 메타포는 명문입니다.

70. 여우 하이데거

마르틴 하이데거 Martin Heidegger. 그는 20세기 독일 실존주의 철학을 대표하며 그가 한나 아렌트와 카를 야스퍼스를 1920년대에 만나면서 펼쳐지는 삶은 앞에서 언급했던 가다머의 고집과 격렬함 못지않습니다. 1889년 독일 바덴주 배스키르히에서 태어났고 20세 되던 해 예수회 수사가 되기 위해서 시작한 수련생활 2주만에 가슴 통증이 발생하여 집으로 돌아온 뒤 프라이부르크 대학에서 신학을 2년 정도 공부합니다. 그 당시 시대 반항적이었던 가톨릭 잡지에 당대 문화적인 쇠퇴를 비판하는 글을 기고합니다. 아직 젊은 1911년 또 한차례 심장 이상으로 고생한 뒤 스스로 대학을 자퇴하고 독학하게 되는데 이때부터 하이데거의 철학적 사유가 활짝 만개하며 열리게 됩니다.

독학하면서도 당시의 위대한 현상학자였던 에드문트 후설 Edmund Husserl 밑에서 연구를 하게 되지만 후설의 철학적 고찰인 형이상학의 족쇄를 부수겠다는 사상과 하이데거의 가톨릭 사상은 처음에는 서로 맞지 않았습니다. 시간이 흐른 후 철학적 담론을 서로 주고받으면서 그 둘은 점점 더 관계가 가깝게 형성됩니다. 그러던 중 하이데거가 군복무로 입대하게 되자 후설은 하이데거와 토론할 수 없어서 안타까워했을 정도였습니다.

서로 등을 댄 것 같은 둘의 완전하게 달랐던 이론은 점점 더 마주 보게 되었으며 후설은 전쟁에서 돌아온 하이데거를 본인의 '개인 조교'로 채용했습니다. 이제 그 둘의 관계는 후설이 맡은 교수자리를 물려줄 정도로까지 돈독하게 발전합니다.
물론, 하이데거는 후설의 현상학 제자가 된것입니다.

하이데거의 절친 중 하나인 프라이부르크 대학 심리학 교수 '카를 야스퍼스'는 천천히 다루겠지만 심리학 교수로 출발해서 후에 다시 철학교수로 변신하게 되므로 그의 개성과 지성도 하이데거와 겨룰 만큼 만만치 않습니다. 두사람 간의 심오한 철학적 우정은 야스퍼스의 저서인 '세계관의 심리학'에 대해 예리하게 서평으로 상처 내던 하이데거와 껄끄러운 만남이 시초가 되었습니다. 그렇게 첫 만남은 불편했으나 몇 년간 알게 되면서 자신들의 철학적 진지함을 판단하게 되는 기준이 되는 관계로까지 발전하게 됩니다. 후설도 야스퍼스도 하이데거와의 첫 만남은 좋지 않았고 갈등으로 시작됩니다. 그러나 그들은 서로를 알아보게되고 인정합니다.

한나 아렌트는 1906년 동프러시아 쾨니히스베르크에서 태어났고 18세에 마르부르크 대학에 입학합니다. 이제 이들의 인생 스토리는 앞뒤로 맞물리며 내달리게 됩니다. 1923년에 처음 마르부르크 대학에서 첫 강사직을 맡게된 하이데거는 강사 생활 2년 차로 들어갔고 그때 훗날 명성을 날리게 되는 한나 아렌트가 신입생으로 입학한 것입니다. 대학 강의 2년차 하이데거의 열정이 어느 정도였을지 상상해 보십시오. 후고 교수와 야스퍼스 교수조차 빠져들었던 그의 열정적인 이론과 강의에 대학 1학년 신입생인 한나 아렌트는 하이데거 교수를 열광하듯 지지하기 시작하면서 하이데거와는 스승과 제자 그 이상의 동지적인 관계로 발전합니다.

1927년 '인간은 시간의 지평 속에서 자신들의 세계에 거주하고 있고 인간은 과거의 전통을 계승하고 있고 그 전통을 미래에 투사하며 종국에는 죽는다. 오로지 여러 인간 세계 속에 자신을 드러낸다면 그리고 시간성에 의해 그 세계들이 형태를 얻게 된다면 존재 또한 시간에 종속된다'는 추론으로 쓴 저서 '존재와 시간'은 시간에 종속된 인간의 조건에 대해서 그리고 인간이 어떻게 시간으로부터 도망치는가에 대해 치밀하게 분석하고 있습니다. 이 책은 정치 서적이지는 않지만 그 내용적 은유를 그의 삶에 비춰보면 열고 있는 책을 당장 덮고 싶을 수 있습니다.

하이데거와 연관 거론되는 이름들은 단 한 명도 만만한 인물이 없는 시대의 거장들입니다. 오히려 제자였던 한나 아렌트가 하이데거보다 지적으로 더 우월하다는게 개인적인 생각입니다. 한나 아렌트는 개인 비망록에서 그녀의 스승이던 마르틴 하이데거를 '여우 하이데거'라고 표현했습니다.

1933년 4월 하이데거는 젊은 시절 다녔던 프라이부루크 대학의 총장으로 부임합니다. 다음 달 5월에 나치에 입당하였고 1년 동안 총장직을 수행합니다. 후대 사람들은 하이데거가 총장직을 마지못해 수락했고 학문이 피해 보는 일을 줄이면서 유대인들을 보호해 주다가 1년 뒤 사직한 것으로 잘못 알고 있습니다.

시간 속에서 드러난 그의 실체는 정 반대로 추악했습니다. 총장으로 임명되기 전인 1931년부터 줄기차게 나치에 대한 지지선언과 발언을 한 자료가 나오고 있으며 그것은 대학 총장 자리에 오르기 위해 자발적으로 그렇게 한 것으로써 스스로 독일 전역을 돌며 '나치 독일 체제' 선전을 하며 히틀러 만세를 외쳤던 모습이 만천하에 드러났습니다.

실존주의 독일 철학. 최고의 권위를 가진 하이데거는 명예와 권력으로 찌든 탐욕적 인간으로 평생을 충실하게 살았던 것입니다. 뒤를 돌아보며 퍼즐을 맞춰보면 하이데거의 인생은 더욱 선명하게 보입니다. 그가 보잘것없던 시절 그를 친자식처럼 여겨주며 앞길까지 활짝 열어줬던 프랑크부르크 대학의 형이상학의 대가였던 후설 교수까지도 본인이 총장으로 부임하자마자 그만두게 했는데요 하이데거가 학문적 탁월함은 있었지만 주변 사람을 도구로만 사용했던 개차반이었습니다.

그러고 보니 자기보다 여섯 살 위이며 탁월한 심리학 교수였던 야스퍼스의 저서를 서평으로 까대며 의도적으로 접근한 후 세 치 혀로 철학적 우정을 만들었으며 그의 강력한 지지까지 얻는 관계로 발전하게 된 것 또한 의심스럽습니다. 이렇게 주변을 적극 활용하면서 교수로 생활하다가 스스로 나치에 충성 서약까지 해가며 프랑크 부르크 대학의 총장 자리를 차지한 그의 위선과 섬뜩한 권력에의 의지를 가진 하이데거는 총장 자리에서 물러난 뒤에도 여전히 히틀러를 공개 지지 합니다.

그보다 더 심각한 것은 한때 제자이자 동지이기까지 했던 한나 아렌트와는 그녀가 유대 계통이라는 이유로 냉정하게 관계를 청산해버립니다. 실존이니 허무니 존재를 용인하는 태도이니 해제를 수용해야 한다느니 하는 그의 혀가 긴 말들은 깊고 현란한 수사학적 이론이었으며 개털 같은 사익을 절대가치로 여기며 추구한 타락한 지식인이었습니다. 하이데거는 주변의 힘을 잘 이용하는 여우같은 인간일 뿐이고 변화무쌍한 텍스트로 가면을 덮어 씌운 체 학계에서 인정받은 겁니다.

훗날, 한나 아렌트의 역저인 '예루살렘의 아이히만' 에서 악의 평범성 초기 원형의 일반인이라는 명제에 대한 실제 모델이 하이데거라고 저는 추론합니다. 아이히만과 하이데거는 일반 우리와 다르게 없다는 주장을 해보면서 섬뜩할 정도로 각성됩니다.(개인 주관 해석)

플라톤은 '파이드로스' 와 '향연' 에서 자신의 에로틱한 충동을 승화하고 그 충동에서 혜택을 보려면 자신의 충동을 절제하고 중용을 지켜야 한다고 했고 '국가' 에서는 철학자가 광명을 버리고 동료 인간들에게 도움을 주기 위해 동굴로 들어가는 것으로 종결짓습니다. 플라톤은 인간이 완전해지고자 한다면 철학은 이데아에 관한 지식을 공적인 삶이라는 그림자 영역에 대한 지식으로 보완해야 한다는 것처럼 야스퍼스는 '마르틴 하이데거에 대한 수기' 라는 책에서 인간 가치와 가능성에 대해 봉사하지 않고 자신의 재능으로 주술 (현실적 탐욕)에 도취한 하이데거를 비난하며 배신감에 치를 떱니다.

이성적인 토론과 찌르는듯한 비판으로 접근 후 사로잡은 상대방을 이용하면서 자기 욕망을 채우고 착착 그 다음 단계를 향해간 하이데거를 닮은 TV 패널이 갑자기 한 명 생각납니다. 이런 부류들은 공공에 대해 말하는 걸 사익에 이용하면서 공공에 대한 책임은 절대 짊어지지 않습니다.

'욕좀 먹으면 어떤가?' 짧은 인생 승부의 인간세계에서 상대방을 철저하게 이용해먹고 버린 후. 내가 왜? 뭘 봐? 라는 낯두꺼움으로 누릴걸 다 누리며 살다간 하이데거였습니다. 학문적 가치를 추구한 야스퍼스는 반나치주의자로 초죽음되며 교수직까지 박탈당했으며 그리고 후설 교수도 아웃. 한나아렌트도 아웃. 모두 하이데거가 쟁취한 권력으로인해 버림받았고 냉정한 '아웃오브 안중'으로 사라집니다. 더 웃기는 건 전쟁 종식 후 화려하게 컴백한 한나 아렌트가 하이데거를 찾게 된다는 것입니다. 인간은 나약한것 같지만 철저히 자기이익을 위해 짧은 순간조차도 이용하려고 맹수의 시선을 떼어놓지 않습니다. 대단한 하이데거와 더 대단한 한나 아렌트입니다.

OHW : 아마도 하이데거와 아렌트보다는 야스퍼스와 후설이 우리의 인생과 조금더 비슷해 보이죠? 철학자이든 성인이든 무엇이든 그들이 남긴 말과 행동은 각자 선택입니다. 완전하게 우수한 인간은 없습니다. 인류사를 뒤흔든 천재적 인간도 결함은 존재합니다.

71. 미셸 푸코, 권력

사람 사이의 관계는 모두 권력 관계이다. 모든 인간관계는 권력관계일 뿐만 아니라 인간과 관련된 공간이나 관습도 모두 권력관계이다. 라며 가슴 따가울 정도로 강렬하게 미셸 푸코는 정의했습니다.

인간 사회안에서는 수 많은 담론들이 생산됩니다. 그중 어떤 담론은 '진실' 이라는 지위를 얻어 의미체계를 형성하며 그 사회안에서 지배적인 영향력을 행사하는데 반해서 그렇지않은 다른 담론들은 주변부로 밀려나서 침묵을 강요당하다가 결국 소멸됩니다. 왜 어떤 목소리는 크게 들리고 다른 목소리는 들리지 않는걸까요? 진실이 결정적인 역할을 한다고 믿고있지만 과연 그럴까요? 한 담론이 다른 담론을 억제하고 배제하는 수단은 진실뿐일까요? 진실이라는말 앞에서 대부분의 사람들은 꼼짝못하고 승복합니다. 그러나, 진실이 과연 진실일까요?

한 사회의 지적 헤게모니를 장악한 사람들이 '진실' 이라고 결정하면 그것이 바로 진실이 되는게 아닐까요? 그러므로, 담론을 생산하는 자들은 서로 진실이라는 고지를 장악하려고 격렬하게 싸우는 것입니다.

하나의 진실에 수긍하는 사람의 수가 많아지면 그 사회의 헤게모니는 그 진영으로 넘어갑니다. 그러므로 진실에의 의지는 곧 권력에의 의지와도 같습니다. 학문적 진실만이 아니라 한 사회 구성원의 가치관이나 도덕적 기준도 마찬가지 입니다. 도시개발 정보를 이용해서 부동산 투기를 하고 개인 축재를 한것이 나쁘다고 하는 사람들보다 자본주의에서 돈을 추구하는것이 뭐가 나쁜가? 라는 사람들의 수가 압도적으로 많아지면 그 사회의 가치 기준은 그것을 범법이 아니라 능력으로 결정하는 것입니다. 이때, 다수의 동의를 얻어내기 위해 그런 방향으로 논리를 확산시키는 진영의 노력은 필사적으로 이뤄지는데 이들이 권력을 쟁취하려는 핏발서린 전략을 알지못하는 대중들은 '대세'니 '능력' 이니 하는 전략적수사에 휩쓸려 자발적으로 동의를 하는 것입니다.

지식은 더이상 자율적인 지적 구조가 아니고 사회 통제 체계와 연결되어 있습니다. 한 사회에서 '진실' '학문' '지식' 이라는 것들은 결코 순수 그 자체로 존재하지 않습니다. 그것들은 언제나 권력과 욕망에 물들어 있습니다. 푸코에 의하면 권력은 사람 사이의 관계이고, 사회는 지배, 피지배 이분법적으로 나뉜게 아니라 마치, 그물코처럼 무수한 복수의 권력으로 뒤덮혀 있는것입니다. 사람 사이의 관계속에서 서로에게 미치는 힘. 즉, 영향력은 균형을 이루는게 아닙니다. 언제나 불균형을 이루고 있습니다.

그 비대칭의 불균형한 힘의 관계가 곧 권력관계입니다. 그러니까 권력은 소유되는것이 아니라 행사되는것이고 점유에 의해서가 아니라 사람들을 배치하고 조직하는 기능과 기술에 의해 효과가 발생하는 것입니다.

한 사회를 지배하는 지배계층과 피지배 계층. 또는 프롤레탈리아와 부르조아라는 두 개의 집단으로 나누는 마르크스식 권력 개념의 허를 찔러버린 푸코의 권력개념은 소위 미시 권력이라고 불러도 될 정도로 날카롭습니다.
극렬하게 사회운동을 하는 여성 인권 운동가가 자기 집 가정부를 냉정하게 대하고 다루거나 결코 사회 상류층이라고 할수없는 영세한 중소기업 사장이 외국인 근로자에 대해서는 가혹하게 다루는 것은 마르크스식 지배와 억압의 개념으로는 도저히 설명할수없는 지배의 양식입니다. 우리는 이렇게 일상적 권력에 둘러싸여 살고있습니다. 이런 힘의 관계는 한번 정해지면 영원히 계속되는것이 아닙니다. 끊임없이 불안정하게 변하는것이 특징입니다. 대통령이 바뀌면 권력은 이동하고 한 조직의 장에서 떨어지면 막강하던 권력도 휴지조각처럼 무력해집니다.

인간관계가 곧 권력이므로 권력의 수는 무수히 많습니다. 이렇듯 우리 사회내 개인들간의 인간관계가 한없이 불안정하고 깨지기 쉬운것은 이런 힘의 관계를 재조정하는 과정의 가변성 때문입니다. 논리적으로 설득하지 못하는 물리적인 폭력은 상대방의 진정한 복종을 얻기 힘듭니다. 현대사회에서 권력이 행사되는 모든 지점에는 곧 지식이 형성되는 시점이기도 합니다. 그렇기에 권력은 소유물이 아니라 전략이며 사람과 사람 사이의 관계라는 통찰에 대해 공감하는 것입니다.

OHW : 권력에 대해 바라보는 자와 바라보이는자의 두 시선을 가진 프랑스 철학자 미셸푸코를 좋아하는 이유는 권력은 정치적 사회적 문제라기 보다는 심리적인 문제라는 관점이며 권력은 인간관계에서 일어나며 시선적 관점에서의 권력이란 한 사람이 만인을 보는것. 이것이 근대 이후의 권력 행사의 특징입니다.

72. 하스밥 이펙트

지금 모든 건 완전히 망가지거나 멋지거나 둘중 하나입니다. 중간이 없죠. 모두 감정이 격해 있어요. 인터넷을 들여다보면 빌어먹을 무슨 비명 지르기 대회 같죠. 붉은 개미들 대 검은 개미들. 다들 급진적으로 변한것 같습니다. 이 말은 찰리부르커가 스크린와이프 中에서 사용한 대사입니다.

빌어먹을 휴대폰 화면을 이젠 그만 보기 바랍니다. 세상이 아무리 스마트폰 시대라고 해도 너무 과도하게 보고있고 정신이 홀려서 흐느적 거리는 좀비를 보는것 같습니다. 우리나라 사람들은 왜 이렇게 중독이 잘되고 절제가 안될까요? 길거리를 걸으면서도 스마트폰 화면에서 눈을 떼지 않습니다. 그순간 그들은 인간의 모습이 아닙니다. 차들이 지나가는 차도와 횡단보도에서도 눈을 돌려 주변을 보지않고 스마트폰 화면을 계속보며 걷고 있는 위험하고 신기한 동물의 탄생 장면입니다.

여행을 좋아하는 한국인들이니 해외에 많이 나가볼텐데요. 외국 어느나라에서 우리처럼 이렇게 스마트폰 화면에 거북목처럼 빼고 시선을 꽂은체 중독되어 있던 사람들이 있던가요? 왜 이렇게 미친듯이 폰 화면에 빠져 살까요?
이건 심각한 집단 정신병입니다.

자기불만과 결핍을 잊고져 더 쎈 자극을 찾아 깊이 빠져드는 신종 병리 현상인데 이젠 대중화 되었습니다. 스마트폰을 하루종일 본다고 해서 일명 '하스

보' 병이라고 부르겠습니다.(하루종일 스마트폰을 보는 병)

지금부터 그 병에 대한 과학적 근거를 말씀드리겠습니다. 신경생물학에서는 우리 뇌는 사용하는 것에따라 지속적으로 변화한다는 사실, 인지하기, 생각하기, 체험하기, 느끼기, 행동하기 등은 기억에 흔적을 남깁니다. 이 '기억의 흔적' 은 가설이 아니며 과학적으로 증명되고 밝혀진 팩트입니다. 시냅스는 신경세포들 사이의 변화를 접합시키며 전기적 시그널을 지속적으로 뇌에 보냅니다.

요약하면, 우리의 뇌는 항상 학습하고 있다는 것. 우리의 뇌는 진화를 거듭하며 오랜세월을 적응해왔는데 디지털미디어 스마트폰은 이러한 생물학적 뇌의 작동을 부정적으로 막아서는 역할을 하면서 뇌 기능에 부조화를 일으킨다는 사실입니다. 무엇보다 디지털 시장을 지배하고 있는 다국적 대기업들과 결탁한 언론, 정부들은 전방위적으로 그들의 이익을 위해 편리함을 앞세우며 돈벌이에 혈안이 된 그들의 전방과 후방을 모두 커버중입니다. 그로인해 인간 뇌에 대한 부작용은 까마득하게 간과되어 잊은체 '디지털 치매' 증상을 겪는 인간을 보호하지 않습니다. 대부분의 인간은 이제 디지털 스마트 기기에 모든 지식과 필요한것을 검색하며 스스로 생각하는 단계를 거치지 않게되어 뇌가 퇴화중입니다. 뇌기능은 저절로 오류화되어 암기 기능과 분석, 도출, 판단 기능까지 약화되었습니다.

직접 손으로 쓰고 읽고 보며 기억하고 상상하고 형상화하는 고유의 뇌 인식 기능과 확장성 영역을 완전히 억누르고 무엇이든 검색하면 나온다는 스마트폰 결과를 세상의 진리로 여깁니다. 휴대폰 없을때 우리는 전화번호와 이름,

주소까지 수십개는 기본으로 외웠고 뇌가 충분히 활성화 되었으며 네비게이션 없이 장거리 여행을 지도 한장 사들고 정확하게 목적지까지 갔습니다. 지금은 네비를 보면서도 판단미스하며 다른길로 접어듭니다.

사유와 행간을 읽어내고 추론하며 검증을 다각도로 시도하는 인간의 뇌력은 이제 더이상은 필요없어졌고 인공지능에게 질문만 하면 책 한 권 분량도 단 몇초만에 만들어줍니다. AI를 사용하는 인간의 뇌와 지능은 후퇴를 거듭하다가 치매 증상같이 자주 잊어버리는 깜박이 현상을 나이에 관계없이 누구나 겪고 있습니다. 컴퓨터 사용이나 인터넷을 사용하는 능력은 그 어떤 지식도 필요하지 않습니다. 단지 손가락으로 궁금한 것을 찾기위해 필요한 몇개 단어만 누를줄 알면됩니다. 어렵거나 특별한 일이 아니라는 것입니다.

디지털 미디어 스마트 폰은 결국 인간의 뇌를 덜 사용하게 하기 때문에 시간이 갈수록 뇌의 능력은 감소합니다. 어린이와 청소년의 경우에는 뇌의 형성도 방해합니다. 그래서 이들의 정신적인 능력이 원래 발전할 수 있는 일반적인 수준보다 한참더 낮게 형성되며 머무르게 됩니다. 허우대는 말쩡하지만 지적인 사고능력이 떨어지는 디지털 바보가 된 겁니다. 더 심각한 문제는 생각하는 능력만 떨어지는 게 아닙니다. 의지, 감정, 그리고 사회적 행동에도 부작용을 일으킵니다.

상황이 이렇게 심각한데도 학자들은 디지털 기기의 치명적인 문제를 비판하지 않고 언론계는 자발적으로 비판에 대한 셀프통제를 하며 대기업의 디지털 시장을 떠받들고 있고 정부는 장려합니다. 우리는 여기서 디지털 치매라는 병에 대해 과도하게 반응하자는 것이 아니고 심각성을 깨닫고 각성하여 사용을 자제해서 뇌를 이상으로 몰고가는 부작용을 개선하자는 데 있습니다.

자연에서 시간을 보내면 육체와 정신에 좋습니다. 수백만 년동안 프로그래밍 된 뇌가 그렇게 반응하기 때문입니다. 생각이 있다면 당장 스마트폰을 손에놓고 아이들과 함께 노는게 좋습니다. 디지털 문명없이 지내는 하루하루 시간을 늘릴수록 우리는 선물받듯 살 수 있고 삶의 질이 높아집니다. 인간의 번영과 문화의 유지를 위해 쓰레기 같은 화면이 닳을정도로 쳐다보는 일이 없도록 중독을 끊어내야 합니다. 제발 길걸으면서 휴대폰을 쳐다보지말고 앞을 잘보고 길을 걸읍시다.

이젠 얘들뿐만 아니라 어른들까지도 그렇습니다. 얼마전에는 분명히 할머니 같아 보이는 분조차도 제 차앞을 무단 횡단으로 건너면서 휴대폰에 코를 박고 유유히 걸어 지나가던데요. 정말 놀랐고 당황했습니다. 왜들 이럴까요? 그러다가 사람이나 차와 부딪히거나 포트홀에 넘어질수도 있고 도처에 위험이 많은데 왜 사람들은 휴대폰 화면에서 눈을 떼지 않을까요? 마치 내일이 없는 사람들처럼 중독된 인생은 딱할 정도입니다. 이제는 자각하고 절제해야 합니다. 문제를 인식해야 개선은 시작됩니다.

OHW : 독일 최고 뇌과학자 만프레드 슈피터의 데이터웨어를 활용했으므로 이론은 없겠지만 이러한 후광이 없어도 상식적인 것은 믿는 날이 오기를 바랍니다.

에필로그 _

고요하지만 확신에 찬 마음으로
삶을 향해 걸어보자

삶에 찬바람이 불어와서 몸이 휘청이더라도 걸어가면 나만의 세계를 완성할 때가 왔음을 알 수 있습니다. 두렵더라도 길을 나서면 어느 순간 소망에 가까이 다가섰음을 발견하게 될 겁니다. 마음의 상처가 눈물 되어 흐를 때는 이젠 대놓고 울어도 됩니다.
단념하지 말고 주어진 인생을 천천히 연주하면서 그까짓 음이 틀리더라도 이미 그런 건 상관없습니다. 어둠과 슬픔에 아무리 익숙해져도 그것들에게 잠식당하지 말고 떨쳐내야 합니다.

사악하고 어두운 것들에게 말레우스 말레피카룸 Maleleus Maleficarum.
위선적 인간들에게 아드 엑스티르판다 Ad extirpanda.
걸음 앞에 놓이는 갈등과 고통은 앞을 내딛는 전진과 변화로 가는 것임을 알아차려야 하고 바라는 대로 되지 않을 것이고 결정하는 대로 된다는 것임을 깨우치기를.

삶의 찬란함은 설명하지 않아도 되고

에필로그 _

고요하지만 확신에 찬 마음으로
삶을 향해 걸어보자

삶에 찬바람이 불어와서 몸이 휘청이더라도 걸어가면 나만의 세계를 완성할 때가 왔음을 알 수 있습니다. 두렵더라도 길을 나서면 어느 순간 소망에 가까이 다가섰음을 발견하게 될 겁니다. 마음의 상처가 눈물 되어 흐를 때는 이젠 대놓고 울어도 됩니다.
단념하지 말고 주어진 인생을 천천히 연주하면서 그까짓 음이 틀리더라도 이미 그런 건 상관없습니다. 어둠과 슬픔에 아무리 익숙해져도 그것들에게 잠식당하지 말고 떨쳐내야 합니다.

사악하고 어두운 것들에게 말레우스 말레피카룸 Maleleus Maleficarum.
위선적 인간들에게 아드 엑스티르판다 Ad extirpanda.
걸음 앞에 놓이는 갈등과 고통은 앞을 내딛는 전진과 변화로 가는 것임을 알아차려야 하고 바라는 대로 되지 않을 것이고 결정하는 대로 된다는 것임을 깨우치기를.

삶의 찬란함은 설명하지 않아도 되고

삶이 어둡다는 것도 설명하지 않아도 됩니다. 둘 다 존재합니다.
빛과 어둠은 태초부터 인간 누구에게나 예외 없이 적용되고 있음을. 인생의 의미는 거창한 게 전혀 없음을 단지 인생의 의미는 내가 살아있는 실존 그 자체이고 인생이 무의미함은 내가 죽은 그 자체임. 살아가는 것 자체가 의미입니다.

다시 따스하게 밝은 피가 흐르고 눈이 빛나는 것을 느끼고 너의 슬픔이 오랫동안 멈추기를 스쳐 지나가는 바람과 내리는 빗방울과 찌는 더위와 에어컨 바람과 매미소리와 겨울 하얀 눈에 감격이 차오르기를. 산다는 것은 경험하는 것이고 삶의 의미에 대해 생각하고 앉아있는 것이 아님을.

우리에게 상처를 주는 것은 우리를 치유해 준다는 것을 인생은 우리에게 가혹하지만 동시에 많은 것을 가르쳐 주고 있음을 우리들의 몸에 안 보이는 마음의 흉터는 상처가 아물지 않고 언제나 피가 흐르고 있다는 것에 대해 너무 놀라지 않고 인식하기를. 그것에 괴로워하며 싸우고 싸우며 괴로워하고 그렇게 하면서 어느덧 단단한 내공이 생기고 참 그것 별것도 아니네. 하며 내 힘을 자신하는 순간이 온다는 것을. 전문가는 특별한 재주가 있는 것이 아니라 늘 반복되는 연습을 하고 있음을. 늘 같은 걸 연습하는 것 같아도 늘 다르게 노력하고 있음을. 무수하게 반복하는 연습은 때가 되면 인생을 자연스럽게 춤추게 한다는 것을.

너의 상냥한 얼굴을 본다. 그리고 너의 고통에 찬 얼굴을 본다.
나는 더 말을 잇지 못한다. 나의 눈물과 침묵은 너를 보듬고 있다. 늘 곁에서 영원처럼 너를 지탱해 주겠다. 세상의 시간은 너의 것이다. 한정하지 말고 마음껏 노래 부르고 날개를 펴라.

미리 규정짓지 말고 부닥쳐보라. 지금 몹시 견디기 힘들더라도 혼자가 아님을. 세상을 의심해도 되고 불평해도 된다. 그러나 늘 현실에 발을 딛고 서있기를. 말하기조차 힘들 때에도 우리는 서로 고요하지만 확신에 찬 마음으로 삶을 향해 걸어보자.

OPUSCULUM 오푸스컬럼

저 자	서 원 기
발 행 일	2025. 02. 20
출 판 사	도서출판 애플북
I S B N	979-11-93285-74-9
발 행 처	도서출판 애플북

이 책은 저작권법에 따라 보호받는 저작물이므로
무단 전재와 무단 복제를 금지합니다.